당신이 몰랐던 유신진화론

당신이 몰랐던 유신진화론

초판 1쇄 발행 2016년 5월 20일
초판 2쇄 발행 2016년 12월 1일
–

엮은이 한국창조과학회
펴낸이 이방원
–

펴낸곳 세창미디어
출판신고 2013년 1월 4일 제312-2013-000002호
주소 03735 서울시 서대문구 경기대로 88 냉천빌딩 4층
전화 02-723-8660   팩스 02-720-4579
이메일 sc1992@empal.com   홈페이지 http://www.sechangpub.co.kr/
–

ISBN 978-89-5586-424-3 03230

이 도서의 국립중앙도서관 출판시도서목록(CIP)은 서지정보유통지원시스템 홈페이지(http://seoji.nl.go.kr)와
국가자료공동목록시스템(http://www.nl.go.kr/kolisnet)에서 이용하실 수 있습니다.
CIP제어번호: CIP2016011322

당신이 몰랐던 유신진화론

한국창조과학회 엮음

세창미디어
MEDIA

"진화론과 기독교 신앙이 조화될 수 있을까?" 이 주제는 진화론이 등장한 이후, 많은 신학자들과 크리스천들 사이에서 논란이 되어 왔던 주제입니다. 진화론이 만연해 있는 오늘날, 크리스천들은 이러한 질문을 많이 받게 됩니다. "하나님이 진화를 사용하셔서 수많은 동식물들과 사람을 만드셨다고 볼 수도 있지 않은가?" 그런 크리스천들에게 도리어 질문하고 싶습니다. "왜 하나님께서 초월적인 능력으로 인간을 창조하셨다는 것이 믿어지지 않는가? 초월적인 창조가 하나님의 지혜와 능력에 어울리는가, 아니면 진화가 하나님의 지혜와 능력에 어울리는가?"

창조주 하나님을 믿으면서 진화론도 믿을 수 있다는 유신진화론은 오늘날 한국 교회와 신학계에 널리 퍼져 있습니다. 유신진화론자들은 성경이 다양하게 해석될 수 있으므로, 성경과 진화론은 충분히 조화될 수 있다고 주장합니다. 어느 누구도 하나님께서 계시해 주신 말씀을 완전하게 해석할 수 없으므로, 성경은 다양한 해석을 통해 하나님의 계시를 더 깊고 넓게 이해할 수 있도록 기록되어 있습니다. 그러나 성경의 어떤 해석이 오히려 하나님의 계시를 왜곡하고 가린다면 그런 해석은 바른 해석이 아닙니다. 유신진화론은 진화론을 수용함으로써 아담 이전에 많은 죽음이 있을 수밖에 없다고 주장합니다. 인간도 다른 동물이 진화되어 이 세상에 출현한 것이라고 주장합니다.

마치 진화가 과학적이고 이성적인 것이라고 잘못 알고 있는 크리스천들에게 이 책은 하나님과 진화론을 조화시키고 있는 유신진화론의 문제점을 낱낱이 파헤치면서, 진화론과 하나님을 조화하려는 질문에 대해 명쾌한 답을 제시하고 있습니다. 현대를 살아가는 크리스천들에게 큰 유익이 되는 도서로 일독을 권합니다. 초월적 창조를 믿으며 성경을 하나님의 말씀으로 믿고 있는 크리스천들에게 이 책은 용기를 주게 될 것입니다.

곽선희 목사 (소망교회 원로목사)

진화론은 하나님은 없다고 주장하는 무신론이며, 하나님을 대적하는 견고한 진입니다. 이러한 진화론을 어떻게든 수용하고자 하는 유신진화론은 장엄하고 영광스러운 하나님의 창조를 왜곡시키는 인간의 사상일 뿐입니다. 이 책은 하나님의 창조를 믿는 신실한 그리스도인들의 과학적 논증과 신앙고백을 통하여 우리가 부지 중에 받아들이고 있는 진화론의 거짓됨과 그 영향력을 잘 드러내고 있습니다. 성경은 창세기, 시가서, 예언서, 복음서, 서신서 곳곳에서 하나님의 창조를 증거하고 있습니다. 하나님의 창조는 하나님의 영광이 드러난 계시일 뿐 아니라, 하나님에게서 멀어진 사람들을 돌아오게 하는 하나님의 구속역사의 근거가 되는 것입니다. 이 책은 한국창조과학회가 복음의 파수꾼의 사명을 충성스럽게 감당한 귀중한 결과물입니다. 이 책을 통해 창조주 하나님을 아는 지식과 하나님의 영광이 더욱 충만해지리라 기대합니다. 창조신앙의 회복을 위해 힘쓰시는 한국창조과학회의 사역 가운데 하나님의 은혜가 함께 하시기를 기원합니다.

김영길 박사 (전 한동대학교 총장)

우리가 믿는 하나님을 다른 사람들에게 설명하기 어려운 것은 그분께서 우리를 처음 만나 주실 때에 '설명'이 아닌 '사실'로 만나 주셨기 때문입니다. 기독교는 '사실'의 종교입니다. 예수 그리스도께서 이 땅에 오심이 사실이고, 그분께서 나의 죄를 위하여 죽으심이 사실이며, 또 부활하신 것이 사실입니다. 이 사실은 변할 수 없습니다.

사실에 대한 설명의 여부는 2차적인 문제입니다. 사실을 어떠한 설명으로도 변경할 수 없는 것은 그것이 실제이기 때문입니다. 그래서 하나님께서는 본인이 어떤 분이신지 설명하지 않으시고 "태초에 하나님이 천지를 창조하시니라"는 사실의 말씀과 함께 만나 주셨습니다. 이것이 우리가 그분을 만난 첫 번째 만남입니다.

저는 지금도 창세기 1장 1절을 믿지 그것을 설명할 수가 없습니다. 그리고 예수 그리스도께서 이 땅에 오심도, 그분의 죽음과 부활도 설명할 수가 없습니다. 오늘도 그분의 은총 속에서 살기에 그 모든 것을 다 설명할 수 없어서 그냥 믿을 뿐입니다.

창조에 대한 논의는 과학의 발전과 함께 그 사실에 대한 평가가 거듭 발전해 왔습니다. 처음에는 말로 설명되지 않던 이론들을 과학이 입증해 오면서 이제는 가설이 실제보다 더 우선적으로 채택되고 있습니다. 이에 더하여 인간의 언어로 모두 설명될 수 있다고 말하는 사람들에 의해서 성경의 고귀한 사실이 조롱마저 당하는 시대를 살고 있습니다.

그러한 가운데 올더스 헉슬리(Aldous Leonard Huxley)라는 20세기 초 영국의 대문호는 이런 재미있는 진실을 고백했습니다. "픽션은 언제나 합리적이며 논리적이다. 그러나 실제는 언제나 뒤죽박죽이며 모순이고 설명이 되지 않는다."

요즘 많은 학자들이 실제에 대한 진실성으로부터 연구를 출발하기보다는 수많은 가설로 실제를 비판합니다. 일부 사람들이 말하는 주장들이 그렇게 설명이 되면 그것이 진리인 것처럼 여겨지고 그 권위는 성경의 권위를 넘어서고 있습니다. 그러나 이러한 때에도 창세기의 천지창조에 대한 실제를 설명하기 위해서 애쓰는 여러 모습들이 있음을 봅니다. 그중에 대표적인 것이 한국창조과학회입니다.

한국창조과학회는 처음 시작한 이래로 흐트러짐 없는 자세로 하나님의 천지창조를 진정한 사실로 접근하려는 노력을 계속하고 있습니다. 그 수고를 이번에 책으로 엮어 내어놓은 것은 참으로 귀한 일이라 생각됩니다. 수많은 가설 속에서 성경의 기록을 앞에 놓고 그 실제의 말씀에 진실한 이분들의 노력이, 마치 부활하신 예수 그리스도를 향한 설명되어지지 않는 그 현상 앞에 그 실제를 증언하는 귀한 자세가 되어 감사합니다. 창조의 하나님께 깊은 연구 속에서 더욱더 가까이 다가가는 축복이 있기를 소원합니다.

홍정길 목사 (남서울은혜교회 원로목사)

기독교는 수많은 그리스도인들의 피와 땀으로 수호되어 왔습니다. 그들은 고난과 핍박 속에서도 분투하며 꿋꿋이 기독교 신앙의 본질을 지켜 왔습니다. 오늘날 이 시대는 신앙의 본질이 흔들리고 있습니다. 특히 진화론은 하나님의 창조를 부정하면서 가장 중요한 신앙의 기초를 흔들고 있는 것입니다. 이러한 때에 한국창조과학회가 『당신이 몰랐던 유신진화론』을 발간하게 된 것은 매우 반가운 일입니다. 이 책은 창조과학자들의 수고가 열매 맺은 또 하나의 소중한 결실입니다. 이 책은 진화론의 영적 공격으로부터 기독교 신앙을 수호하고, 하나님의 창조를 온전하게 믿는 데 있어서 큰 도움이 되리라 확신합니다. 귀한 책을 출간하여 주신 한국창조과학회에 다시 한 번 감사드리며, 이 책이 하나님 나라 확장에 귀하게 쓰임받게 되기를 기도합니다.

박형진 교수 (햇불트리니티신학대학원대학교 선교학 교수)

크리스천이라고 하더라도 진화론이 혹시 사실이 아닐까 고민하는 경우가 많습니다. 만약 진화론이 사실이라면 하나님께서 이 세계를 창조하셨다는 성경의 기록은 거짓이 되기 때문에, 크리스천으로서 진화론은 받아들일 수 없습니다. 그렇지만 오늘날의 과학계와 교육계는 진화론을 사실처럼 가르치고 있기 때문에 진화론이 거짓이고, 하나님의 창조가 진리라고 주장하기에는 진화론의 지식체계가 너무나 정교하고 거대하게 보입니다. 그렇기 때문에 창조와 진화 사이에서 고민하던 크리스천들 중에는 하나님도 믿고, 진화도 믿는 타협적인 유신진화론을 절묘한 해답이라고 느낄 수 있습니다. 이런 잘못된 판단을 하는 이유는 창조와 진화의 논쟁을 과학적인 지식의 논쟁으로만 보려고 하기 때문입니다. 하나님의 창조는 초월적인 것이기 때문에 과학의 대상이 될 수 없습니다. 창조와 진화 모두 관찰할 수도 재현할 수도 없는 것입니다.

우리가 보고 느끼고 있는 모든 것이 존재할 수 있는 것은 하나님께서 만물을 창조하셨기 때문입니다. 이런 아름다움과 질서가 우연히 저절로 만들어질 수 있다고 믿는 것은 하나님의 초월적 창조를 믿을 수 없기 때문입니다. 하나님도 믿고, 진화도 믿는다는 것은 얼핏 들으면 믿음과 과학을 조화시키는 것 같지만, 실제로는 진화를 기정사실화하고, 진화에 맞춰 하나님과 성경을 해석하는 것뿐입니다. 인간 창조의 예를 든다면 하나님께서 사람을 바로 창조하신 것이 아니라, 원숭이와 같은 존재로부터 진화되어 인간이 되었다는 것을 믿는 것입니다. 이런 믿음을 기독교 신앙과 과학을 조화시킨 것이라고 주장하는 것입니다. 이러한 유신진화론의 하나님은 진화의 과정 뒤에 숨어 있는 하나님일 뿐입니다. 유신진화론의 하나님은 잔인한 진화과정을 허용하신 분이고, 인간의 원죄도 단세포 생명체로부터 출발한 죄가 인간에게서 활짝 꽃피우게 하신 분입니다. 진화가 사실이고, 그런 진화과정을 통해 만물을 만드신 하나님이 계시다면, 그 하나님은 성경을 통해 알 수 있는 하나님과는 전혀 다릅니다.

따라서 창조와 진화는 과학의 싸움이 아니라 진리의 싸움입니다. 창조신앙을 훼손하는 유신진화론은 기독교 교리의 많은 부분을 왜곡하거나 무시하고 있습니다. 교회 내로 들어온 유신진화론의 정체를 잘 드러내고 있는 크리스천들이 이 책을 통해 유신진화론을 제대로 알게 되어 창조의 진리, 성경의 진리를 지키는 귀한 도구로 사용하길 바랍니다.

이재훈 목사 (온누리교회 담임목사)

유신진화론은 타당한가
"유신진화론이 지니는 문제에 대한 기본적인 요약"

권영헌

한양대학교 응용물리학과 교수, 한국창조과학회 〈창조〉지 편집장

유신진화론이 무엇인가? 유신진화론의 문제는 무엇인가? 사실 기독교와 진화론의 타협을 시도하는 유신진화론이 어떤 내용을 지니고 있는가를 잘 모르는 것이 한국교회의 현실이다. 한 목회자는 자신이 공부하였던 한 장로교단 소속 신학교 교수 중 상당수가 유신진화론자라고 추정하였다.

그렇다면 유신진화론이란 무엇인가? 간단히 말하면 유신진화

론은 하나님께서 진화의 방식으로 세상을 창조하셨다는 주장이다. 이 주장을 얼핏 들으면 크게 문제될 것이 없어 보인다. 과연 그럴까? 간략하게 유신진화론이 지니고 있는 근본적인 문제 중 두 가지만 살펴보자.

유신진화론은 방법론적 자연주의를 기반으로 하고 있다

진화론에는 언제나 중요한 전제가 존재한다. 그것은 자연주의 철학의 형이상학적 가정을 언제나 중요한 핵심으로 가정하고 있다. 이는 진화론의 핵심이자 제거할 수 없는 본질적 가정이다. 그 결과 하나님과 같은 외부적인 요소를 배제하고 물질과 에너지 등의 내부적인 원인으로만 설명하려 한다. 이것이 자연주의의 핵심적 접근방식이다.

그러므로 진화론 그 어디에도 목적이 존재하지 않는다. 예를 들어 진화론의 핵심적 논리인 자연선택은 앞을 예측하지 못하고 결과를 계획하지 못하며, 보이는 것들에 목적이 없음을 말한다. 즉 돌연변이와 자연선택의 무목적적인 힘으로 대진화를 설명할 수 있다고 주장한다.

그런데 유신진화론자들은 방법론적 자연주의를 수용해야 한다고 주장한다. 자연과 관련한 현상들을 연구할 때 방법론적으로 하나님에 대한 어떠한 고려도 거부하는 연구 방법론이 방법론적 자연주의이다. 그들은 방법론적 자연주의를 수용해야만 자연주의적 과학을 자연주의 철학(예를 들면 무신론)에게 넘겨주지 않을 수 있다고 주장한다. 외견상 일리가 있어 보이지만 여기에 함정이 있다. 왜냐하면 많은 이들이 지적한 대로 방법론적 자연주의는 형이상학적 자연주의를 내포하고 있기 때문이다.

유신진화론자들은 밖으로 자연주의를 반대한다고 말한다. 하지만 과학의 방법으로 방법론적 자연주의는 받아들여야 한다고 주장한다. 이는 방법론적 자연주의가 형이상학적 자연주의를 내포하고 있다는 것에 기초하여 판단한다면 매우 그릇된 접근법이다.

유신진화론은 사망이 사람의 죄 때문에 이 세상에 들어왔다는 성경말씀을 우스갯소리로 만든다

성경에서 말하고 있는 복음의 핵심을 정리하면 대강 이러하다. 아담은 범죄 하기 이전까지 하나님과 완벽한 관계를 가지고 있었다. 그러나 아담의 타락 이후 우리는 하나님과의 관계가 단절되었다. 그래서 우리가 해야 할 것은 하나님과의 원래의 관계를 회복하기 위해서 회개하고 예수 그리스도를 받아들이는 것이다. 이것은 아담의 타락으로 말미암은 죽음을 이기신 예수님의 대속에 근거한 것이다.

　그런데 유신진화론은 이 복음의 핵심을 송두리째 쓰레기통으로 던져 버린다. 진화론에 의하면 화석들은 인간이 진화로 태어나기 이전 수십억 년 동안 살다가 죽어 간 생물체들의 잔해이다. 이것은 아담 이전에 죽음이 있었음을 의미한다. 다르게 말하자면 죄 이전에 사망이 있었다는 것이다.

　그러나 성경은 이렇게 말하고 있다.

"선악을 알게 하는 나무의 열매는 먹지 말라 네가 먹는 날에는 반드시 죽으리라 하시니라"　　　　　　　　　　　　　　　(창세기 2:17)

"네가 흙으로 돌아갈 때까지 얼굴에 땀이 흘려야 먹을 것을 먹으리니 네가 그것에 취함을 입었음이라 너는 흙이니 흙으로 돌아갈 것이니라 하시니라"　　　　　　　　　　　　　　　(창세기 3:19)

"죄의 삯은 사망이요"　　　　　　　　　　　　　　　(로마서 6:23)

"피조물이 다 이제까지 함께 탄식하며 함께 고통을 겪고 있는 것을 우리가 아느니라"　　　　　　　　　　　　　　　(로마서 8:22)

"그러므로 한 사람으로 말미암아 죄가 세상에 들어오고 죄로 말미

암아 사망이 들어왔나니 이와 같이 모든 사람이 죄를 지었으므로
사망이 모든 사람에게 이르렀느니라"   (로마서 5:12)

"그러나 아담으로부터 모세까지 아담의 범죄와 같은 죄를 짓지 아
니한 자들까지도 사망이 왕 노릇 하였나니"   (로마서 5:14)

"사망이 한 사람으로 말미암았으니 죽은 자의 부활도 한 사람으로
말미암는도다 아담 안에서 모든 사람이 죽은 것같이 그리스도 안에
서 모든 사람이 삶을 얻으리라"   (고린도전서 15:21-22)

성경은 아담의 범죄로 인하여(로마서 5장) 죄가 세상에 들어오고
사망이 왔으며, 심히 좋았던 세상은 탄식하며 함께 고통하는 것으
로 바뀌어졌음을 말하고 있다(로마서 8:22). 사실, 죄 이전에 사망
은 예수 그리스도의 죽으심에 대한 필요를 무효화시키는 것이다.
아담이 범죄 하기 이전에 어떠한 죽음도 없었다. 그리고 예수님께
서 우리들을 죄의 저주로부터 속량하시기 위해서 이 땅에 오셨다.
그것이 예수님의 선언이었다. 그리고 우리에게 영생을 주셨다. 결
국 유신진화론은 성경이 말하고 있는 복음의 핵심인 창조, 타락,
십자가, 부활, 재림을 시작부터 왜곡시키고 그 결과 복음전체의
변질을 초래한다.
　만일 유신진화론이 사실이라면, 창세기의 기록뿐만이 아니라,

16

예수님과 신약성경의 기록자들은 잘못 말한 것이다. 예수님의 말씀을 살펴보자.

"창조 때로부터 사람을 남자와 여자로 지으셨으니" (마가복음 10:6)

유신진화론은 첫 번째 사람으로서 아담을 거부한다. 그 결과 하나님의 풍성한 은혜와 예수 그리스도를 통한 의의 선물에 이르기까지, 복음의 기초를 완전히 허물고 있다. 아담의 범죄와 타락을 거부하는 유신진화론은 예수님의 영광의 대속사건을 허물고 있다.

정리하면 유신진화론은 해결될 수 없는 근본적인 두 가지 문제점을 지니고 있다. 첫 번째는 방법론적 자연주의를 그 기반으로 선택할 수밖에 없다는 점이다. 두 번째는 유신진화론은 아담의 범죄와 타락을 근본적으로 무시할 수밖에 없기 때문에 예수님의 대속사건조차도 그 의미를 허물고 있다는 점이다.

이 책의 전반부와 후반부에서 위에서 언급한 사실들에 대한 자세한 설명과 논의들이 주어질 것이다. 이를 통해 유신진화론과 그 문제점들에 대한 상세한 내용들을 이해하고 그것이 하나님과의 관계를 세워 나가는 데 도움이 되기를 기도한다.

갈라디아 교회에 다른 복음이 들어왔을 때 바울의 모습이 떠오른다. 바울 사도는 인사말을 마치자마자 다급히 다른 복음은 없다고 선언하였다. 온전한 복음을 변증하기 위해 자신이 사도가 된 내력마저 주장해야 했다. 매우 흡사한 상황이 우리 시대에 벌어지고 있다. 성경이 가르쳐 준 복음의 진리와는 다른 것이 교회에 들어와 있는 것이다. 그것은 유신진화론이다. 하나님의 창조에 인간이 주장한 진화가 버무려져 혼합되었다. 혹자는 복음의 진리를 수호하기 위한 목적이라고 말한다. 그러나 그리스도인 과학자들은 말한다. 진화는 과학적 사실이 아니고 거짓이라고! 이 거짓이 진리로 둔갑하고, 오히려 성경적 창조 진리를 거짓으로 왜곡시키고 있다.

이 책에는 마치 사도 바울과 같은 심정으로 쓰여진 진화론의 거짓됨을 증거하는 7편의 글이 실려 있다. 한 명의 선교사, 한 명의 목회자 겸 신학자 그리고 네 명의 과학자의 글이다. 이 과학자들은 바울이 진정한 사도였듯이 진정한 과학자들이다.

이 책은 2부로 구성되어 있다. 제1부에서는 유신진화론이 무엇이며, 유신진화론은 왜 문제가 되는지, 창조와 진화는 왜 양립할 수 없는지를 신학적이고 목회적 관점으로 다루었다. 제2부에서는 창조와 진화 논쟁의 내용을 스케치해 볼 수 있도록 먼저 창조와 진화 논쟁의 역사와 논쟁 이슈들을 소개하였다. 그리고 나서, 유신진화론의 주요 주장들이 거짓됨을 상세히 밝혔다.

글의 내용 중에는 중복된 부분이 존재한다. 이를 통합 정리하는 방안을 고민하여 보았으나, 각각의 글의 구조를 흩뜨리지 않는 것이 더 낫겠다는 판단을 하였으며, 반복의 유익도 있음을 고려하여 그대로 유지했다. 이 점 독자의 양해를 구한다.

글들을 편집하면서 한편으로는 기쁘고 감사하였으나, 한편으로는 가슴이 먹먹해졌다. 진화론의 영향력 아래에 있으면서 하나님의 창조를 부정하고 있는 수많은 영혼들이 떠올랐다. 바라건대, 다메섹 도상에서 예수 그리스도를 만난 바울처럼, 이 책의 내용들이 진화론을 믿고 있는 영혼들과 성경적 창조를 믿지 않는 이들에게 창조의 진리가 비추는 빛을 통해 눈을 뜨게 되는 경험을 하는 하나님의 은총의 도구가 되었으면 좋겠다.

류승원 (임마누엘교회 목사, 한국창조과학회 이사)

| 차 례 |

2부

진화론은 과학적으로 심각한 문제점을 지니고 있을 뿐만 아니라, 성경이 가르쳐 주는 내용과 다르며, 복음을 파괴하는 선교의 걸림돌이다.

사람의 머리뼈와 원숭이의 턱뼈를 붙여 조작된 인류의 가짜조상 필트다운인처럼, 유신진화론은 창조를 머리로 하고 진화를 턱뼈로 합치려는 신학적 시도이다.

진화와 창조는 양립할 수 없다.

하나님을 배제하는 방법론적 자연주의는 기원을 밝히는 과학의 방법론으로서 적절하지 못하다. 자연이 하나님의 자리를 대신할 수 없다.

1부

Chapter 1

유신론적 진화론(有神論的 進化論)은 받아들일 수 없다 :
유신진화론의 문제점과 그 영향력

박창성

명지대, 아세아연합신학대 객원교수, 세계창조선교회 회장

간단히 말해서, 유신론적 진화론은 하나님께서 진화라는 방법을 이용해서 우주 만물을 창조하셨다는 주장이다. 이는 우주와 생물의 기원에 대한 진화론의 주장이 과학적 사실이라는 신념으로부터 출발한 것으로써, 하나님께서 진화라는 방법으로 그 일을 진행하셨다고 하면 성경과 진화론과의 갈등문제가 해결될 수 있다고 생각하는 사고체계이다. 이 사고체계의 배경에는 하나님께서 초

자연적인 방법으로만 우주 만물을 창조하신 것이 아니라, 자연법칙에 의한 변화과정(natural process)을 이용하셔서 창조하실 수도 있기 때문에, 진화론은 기독교의 신앙과 상충하지 않는다는 논리가 포함되어 있다.

오늘날 유신론적 진화론은 로마 가톨릭의 공식적인 견해가 되었으며, 개신교에서도 자유주의 신학 노선을 가진 교회들에서 널리 받아들여지고 있다. 그뿐만 아니라, 보수적인 신앙을 가졌다고 자부하는 교인 중에도 "진화론도 옳고 성경도 옳다고 하면 되지, 왜 한쪽만 옳다고 편협한 주장을 하느냐"면서 막연히 유신론적 진화론에 동조하는 분들이 많은 실정이다.

과연 하나님께서 진화의 방법을 이용해서 우주 만물을 창조하셨을까? 그 내용을 자세히 살펴보면 유신론적 진화론의 주장은 타당하지도 않을 뿐만 아니라, 기독교에 매우 나쁜 영향력을 초래하고 있음을 발견하게 된다. 이하의 글에서는 그 이유가 무엇인지 유신론적 진화론의 문제점을 살펴보기로 하자.

진화론은 바른 과학이 아니다

유신론적 진화론을 주장하는 분들은 학교에서 가르치는 진화론이 과학적으로 밝혀진 진리라고 생각하고 있다. 그래서 우주와 생물이 원시적인 상태로부터 출발하여 진화하였다는 진화론의 내용을 수용한다. 이들은 우주와 생물들이 창조주간 동안에 완전하게 창조되어 출발했다고 주장하는 창조과학자들에 대해서는 현대과학을 무시하는 사람들이라고 비난하기도 한다. 그러나 그것은 바른 판단이 아니다.

창조과학자들은 자연과학이 하나님께서 창조하신 피조물을 대상으로 연구하는 학문이라고 생각한다. 창조과학자들은 진화론의 내용 중에서, 관찰된 자료를 무신론, 자연주의, 물질주의 세계관에 몰입되어 잘못 해석하였다고 생각하는 부분을 받아들이지 않을 뿐이며, 결코 과학 전체를 부정하는 것은 아니다.

현재 학교에서 가르치는 진화론 중에서 과학적으로 타당하지 않다고 생각되는 내용 중 하나를 예를 들어 설명하기로 하자.

학교에서는 지구가 냉각되어 바다가 형성된 이후, 무려 수억 년의 세월 동안 무기물이 아미노산과 단백질로 합성되고 세포로 발전되는 과정을 거쳐, 지금으로부터 38억 년 전 박테리아와 같은 최초의 단세포 생물이 발생하였을 것이라고 가르치고 있다. 그러나 창조과학자들은 화학진화라고 불리는 이 과정을, 과학적으로 볼 때, 틀린 추측이라고 판단하고 있다.

무생물에서 생물이 출현하는 과정은 실험을 통해서 입증된 적도 없으며, 가능성 또한 없어 보인다. 단지 실제의 자연 상태와 다른 인위적인 기구를 이용하여 아미노산을 합성하고, 세포와 비슷한 모양을 가진 복합체를 만드는 실험에 성공하였을 뿐이다.[01] 이 정도의 실험을 근거로 복잡한 기관을 가진 생물이 자연 발생되었다고 주장하는 것이 과연 바른 과학이라고 할 수 있는가?

진정한 현대과학은 오히려 생물의 자연발생설을 부정하고 있다. 현대과학이 밝혀낸 중요한 발견은 세포 속에 들어있는 DNA가 유전정보를 저장하고 있는 설계도의 역할을 하고 있다는 사실이다. 과학 교과서에서는 DNA조차도 자연현상에 의해서 저절로 만들어졌을 것으로 추측하고 있다. 그러나 인간이 만든 어떤 소프트웨어보다도 더 복잡하고 또한 많은 양의 정보가 저장된 DNA는 결코 자연현상이 만들어 낼 수 없다는 것이 더 타당한 견해일 것이다.

DNA가 없으면, 설령 최초의 생물이 만들어졌다 하더라도 그 후손이 나타날 수가 없다. 번식하려면 처음부터 정교한 생식기능과 DNA가 갖추어져야 한다. 간단해 보이는 단세포 생물조차도 생명현상 유지와 번식에 필요한 모든 기관이 한꺼번에 갖추어져야 세대를 이어가며 보존될 수 있다. 그래서 자연현상에 의해 무기물이 유기물로 합성되고, 오랜 세월에 걸쳐 DNA와 생명유지에 필요한 여러 기관이 차례로 만들어져서 생물이 출현했다는 진화론의 화학진화는 불가능하다고 판단하고 이를 부정하는 것이다. 이것이 오히려 지극히 과학적인 판단이 아닌가? 결코 과학을 무시하는 것이 아니다.

그렇다면 하나님께서 이와 같은 화학진화의 방법을 이용하서서 최초의 생물을 창조하셨다는 유신론적 진화론의 주장은 타당한가? 자연현상만으로는 생물의 발생과 보존이 불가능한데, 그것을 아시는 하나님께서 그 오랜 세월 동안 화학진화 과정을 이용하셔서 생물을 만들려고 하실 이유가 없다. 다시 말해, 자연현상만으로 화학진화를 진행하시다가, 불가능할 때마다 개입하셔서 초자연적 능력을 발휘하여 박테리아를 만드시겠는가? 그것은 전지전능하신 하나님의 속성과 부합되지 않을 뿐 아니라, 성경에도 기록된 바가 없는 억측이다.

진화론은 성경의 가르침과 다르다

성경의 기록에 따르면, 하나님께서는 최초의 생물로서 처음부터 풀, 씨 맺는 채소, 열매 맺는 나무와 같은 완전한 식물을 창조하셨지, 박테리아와 같은 단세포 원시생물로부터 진화하도록 창조하시지 않았다. 식물뿐만 아니라 물고기, 새, 육지의 동물들도 각각 종류대로 창조하셨다고 반복해서 기록하고 있다. 단세포 생물이 오랜 세월 동안 발전하면서 조개, 물고기, 개구리, 도마뱀, 사슴 등 여러 가지 종류의 생물과 인간이 만들어졌다는 진화론의 주장과는 판이하다. 성경을 믿는 그리스도인이라면 어떻게 이렇게 다른 진화론을 수용할 수 있겠는가?

생물들이 환경에 적응하여 변화하고, 시간이 지남에 따라 다양한 모습의 후손이 나타나는 것은 사실이다. 창조과학자들은 이 사실을 부인하지 않는다. 그러나 이와 같은 작은 변이(variation)가 누적되어 박테리아로부터 진화(evolution)하여 인간이 태어났을 것이라는, 과거에 대한 진화론의 잘못된 추측을 반대하는 것이다.

이를 반대하는 이유는 그것을 입증하는 과학적 증거들이 있기 때문이다. 대표적인 예로 화석을 들 수 있다. 과거에 살았던 생물들의 화석들은 그 생물들이 다른 종류로 진화한 것을 보여주지 않는다. 또한 이들 화석들이 발견된 지층은 각종 생물들이 처음부터 각각 종류대로 동시에 출현했음을 보여주고 있다.

또 다른 과학적 이유로, 진화론자들은 진화의 원인이 돌연변이와 자연선택이라고 주장하지만, 그렇게 무작위적이고 드물게 일어나는 자연현상으로는 사실상 인간으로의 진화가 불가능하다고 판단되기 때문이다. 창조과학자들은 현상과학으로서 정확하게 관측한 변이에 관한 것은 수용하지만, 변이의 과정이 오랜 세월 계속되어 박테리아에서 인간이 되었다고 추측하는 진화론은 타당한 증거와 메커니즘이 없으므로 인정하지 않는 것이다. 이 역시 정당한 과학적 판단일 것이다.

과학적 판단 이외에, 진화론을 부정하는 또 하나의 중요한 이유는 진화론의 주장이 성경의 내용과 많이 다르기 때문이다. 유신론적 진화론을 주장하는 분들은 하나님께서 진화의 방법을 이용해서, 오랜 세월에 걸쳐 우주 만물을 창조하셨다고 하면, 성경과 진화론의 갈등문제가 편안하게 해결될 것으로 기대하고 있다고 앞서 언급한 바 있다. 그러나 그것은 큰 착각이다.

성경의 내용과 진화론의 주장을 면밀히 살펴보면, 다음 도표에서 보는 바와 같이 많은 차이가 있다. 하나님께서 진화과정을 이용하셨다고 해도 성경의 내용이 진화론과 같아질 수는 없다.

성경과 진화론 비교

성 경	진화론
육지의 식물이 태양보다 먼저	태양이 육지의 식물보다 먼저
새가 파충류보다 먼저	파충류가 새보다 먼저
별보다 지구가 먼저	별이 지구보다 먼저
하나님의 창조는 완전히 끝났음	현재도 계속 진화하고 있음
인간은 특별히 하나님의 형상대로 창조됨	인간은 가장 진화된 고등동물
인간이 지은 죄가 죽음과 고통의 원인	죽음과 고통이 인간보다 먼저 존재

과연 하나님께서 생물들을 진화시키시기 위해 돌연변이와 자연선택 현상을 이용하셨을까? 자연선택의 핵심은 생존경쟁과 적자생존이다. 하나님께서 싸움을 시켜서 약한 자를 없애고 강한 자를 남게 하는 잔인한 방법으로 생물들을 만드실 까닭이 없다. 하나님은 약자의 고통을 측은히 여기시고, 그들을 사랑하시는 분이기 때문이다.

하나님께서는 생물을 만들기 위해서 무엇이 필요한지를 모두 알고 계시며, 무엇이든지 만드실 수 있는 분이다. 그런데 왜 오랜 세월이 걸리고 어떻게 변할지도 알 수 없는 돌연변이와 자연선택이라는 불확실한 방법으로 시행착오를 반복하면서 생물들을 만드시겠는가? 이것은 사랑이 많으시며 전지전능하신 하나님의 능력에 맞지 않는다.

결과적으로, 진화론을 수용하는 유신론적 진화론은 성경이 우리에게 가르치는 하나님의 속성을 심각하게 왜곡시키는 것이 된다.

진화론은 하나님의 존재를 부정한다

진화론은 그 자체가 하나님의 존재를 인정하지 않고, 자연현상과 물질만으로 우주와 생물의 기원을 설명한 이론이다. 그러기에 진화론을 주장하는 대부분의 과학자들은 무신론자들이다. 설령 일부 그리스도인들이 진화를 일으키신 분이 하나님이라고 아무리 주장한다 해도, 그들은 비웃으며 하나님의 존재를 인정하지 않는다. 예를 들어 보자.

대표적인 진화론자인 리처드 도킨스는 『만들어진 신(The God Delusion)』이라는 책을 출간해서 센세이션을 일으켰다. 그는 신(하나님)은 실제로 존재하는 것이 아니라, 사람들에 의해서 만들어진 허구라고 주장하였다. 그리고 천체물리학자 스티븐 호킹은 우주와 천체들의 기원이 한 점에 모여 있던 에너지와 물질이 폭발하여 시작되었다는 대폭발설(빅뱅 이론)을 지지하고 있다. 그는 최근의 저서 『위대한 설계(The Grand Design)』에서 "그러나 겉보기에 기적적인 생물들의 설계가 지고의 존재의 개입없이 발생할 수 있음을 다윈과 윌러스가 설명했듯이, 다중우주의 개념은 우리를 위해서 우주를 만든 자비로운 창조자를 들먹일 필요도 없이 물리법칙의 미세조정을 설명할 수 있게 되었다"(p.208)고 조롱하는 어조로 말했다. 또, "우주의 시작이 과학법칙들에 의해서 지배되며, 어떤 신의 손길도 필요로 하지 않음을 의미한다"(p.171)라고 말하고 있다. 요컨대, 우주 내의 모든 것이 자연법칙에 의해서 저절로 만들어질 수 있어서 신이 존재할 필요가 없다고 주장한 것이다.

이렇듯 진화론자들이 "하나님은 없다"라는 무신론을 주장하고 있음에도 불구하고 진화와 대폭발을 하나님께서 일으키셨다고 할 것인가? 그것이 기독교 신앙에 도움이 된다고 생각하는가? 이는 순진하면서도 어리석은 생각이다. 유신론적 진화론을 주장하는 분들은 현대과학이라고 간주되고 있는 진화론과 기독교가 잘 조화를 이루어, 세상 사람들로부터 비판받지 않고 신앙생활 할 수 있기를 바라고 있다.

그러나 그들의 기대와는 달리, 결국에는 무신론적 진화론을 교회로 끌어들여서, 하나님을 실제가 아닌 명목상의 창조주로 전락시키고, 교인들은 단지 종교적인 목적으로 하나님을 믿게 된다.

양립할 수 없는 두 가지 세계관을 함께 섞어 믿으려고 하면, 이와 같은 불행한 결과를 초래하게 되는 것이다. 냉정하게 말해서, 유신론적 진화론의 주장을 수용하는 것은 과거에 이스라엘 사람들이 창조주 하나님도 믿고 바알신도 숭배했던 것과 유사한 행위라고 할 수 있다. 우리는 진화론의 실체를 정확하게 파악하여, 하나님을 진화론과 함께 믿지 말아야 한다.

진화론은 복음의 기초를 파괴한다

성경에 따르면, 하나님께서는 인간을 위해 완전한 낙원을 창조하시고 영원히 살 수 있도록 하셨다. 그러나 아담과 하와가 하나님의 명령을 어기고 불순종한 죄의 결과로, 이 세상에 삶의 고통과 죽음이 오게 되었다. 예수님께서 그 고통과 죽음으로부터 인간을 구원하시기 위해, 이 땅에 오셔서 인간 대신 십자가에 달려 돌아가시고 용서해 주셨다. 이제 누구든지 예수님을 구주로 믿으면, 회복된 낙원에서 영원한 생명을 누리게 된다. 이 기쁜 소식이 복음이다.

그런데 진화론에서는 그와 반대로, 인간이 살아가는 데 있어서 겪게 되는 고통과 죽음이 처음부터 있었고, 그 생존경쟁에서 이긴 자가 살아남아 대를 이어감으로써 하등동물로부터 진화되어 인간이 생겨났다고 주장한다. 이와 같은 진화론의 주장은 아담과 하와를 인간의 조상으로 여기지 않으며 그들이 지은 죄도 인정하지 않기 때문에, 사람들이 구원을 받을 필요를 느끼지 못하게 한다. 복음의 기초가 되는 창세기의 기록을 믿지 못하게 하여서 예수님께서 돌아가신 이유를 깨닫지 못하게 만드는 것이다.

이와 같은 사실을 깨닫지 못하고 하나님께서 진화를 이용해서 인간을 창조하셨다고 주장하면서 예수님을 구원자로 믿으라고 하면 세상 사람들이 복음을 잘 받아들일 수 있겠는가? 오늘날 많은 사람이 복음을 듣고도 반응을 보이지 않는 주된 원인은 학교에서 무신론적 진화론을 의무적으로 가르쳐서 진화론 사상에 이미 세뇌되었기 때문이다. 우리는 현대 선교의 가장 큰 걸림돌이 진화론이라는 사실을 직시해야 한다.

따라서 복음의 차원에서 볼 때, 유신론적 진화론은 전혀 앞뒤가 맞지 않고, 기독교에 도움이 되지 않는 주장이다.

진화론은 성경을 불신하게 한다

진화론의 내용은 앞서 살펴본 바와 같이, 여러 가지 면에서 성경의 기록과 매우 다르다. 그래서 진화론을 증명된 과학적 사실이라고 믿게 되면, 성경을 불신하고 의심하게 된다. 먼저 창세기를 믿지 못하게 되고, 그 여파는 성경 전체로 번져가게 된다. 이것은 이미 기독교의 역사에서 드러난 사실이다.

기독교의 기초를 위협하는 다윈의 진화론이 등장하였을 때, 대부분 기독교인들은 거세게 비판하였다. 그러나 일부 그리스도인들은 창세기의 기록을 역사적 사실로 해석했던 전통적인 신앙을 포기하고, 유신론적 진화론으로 쉽게 타협을 하고 말았다. 그리고 이것은 성경을 진화론에 맞추어 다시 해석한 자유주의 신학으로 이어지게 되었다.

진화론은 성경의 기록과 매우 달라서 유신론적 진화론을 정당화하기 위해서는 창세기 기록의 사실성을 부인해야만 했다. 창세기가 중동지방에 퍼져 있던 신화의 영향을 받아 기록된 것이라고 하고, 성경은 과학책이 아니기 때문에 하나님께서 창조를 어떻게 (how) 이루셨는지 알려주지 않는다고 주장한다. 성경은 오류가 없는 하나님의 말씀이 기록된 것이 아니라, 단지 영적인 문제를 다룬 인간의 책이라는 자유주의 신학의 성경관이 등장하게 되었다.

창세기에 기록된 창조나 노아 홍수에 대한 기사가 중동지방의 신화와 유사점이 있다는 것은 사실이다. 그러나 비슷하다고 해서 창세기가 신화의 영향을 받았다고 말할 수는 없다. 창세기와 신화들의 내용을 비교 분석해 보면, 동일한 사건에 대한 내용이 여러 지역으로 전해진 것이라는 것을 알 수 있다. 그 과정에서 이스라엘 사람들은 정확하게 구전하고 문서로 만들어 원형을 보존했지만, 다른 민족들은 그 지역의 문화와 이방 종교에 맞춘 신화로 변질시켰다. 여러 지역에 비슷한 신화가 존재한다는 것은 오히려 창조와 노아의 홍수가 역사적 사실이라는 것을 증명해 주는 증거일 것이다.

분명히 성경은 과학책이 아니다. 어떤 사건이 일어난 과정을 과학적으로 밝히기 위한 목적으로 기록된 것이 아니다. 성경의 중심 주제는 인류의 구원에 관한 것이다. 따라서 과학적인 용어를 사용하지 않았고, 사건의 과정과 원인을 과학적으로 분석하여 기록하지도 않았다. 그러나 성경은 창조와 노아의 홍수 사건을 역사적인 사건으로 비교적 자세하게 서술(narration)하고 있다는 사실을 부인할 수 없다. 만약 일어나지도 않은 일이라면 왜 그렇게 자세하게 성경에 기록하겠는가? 창조와 노아 홍수에 대한 기사는 창세기 외의 여러 성경에도 언급되어 있을 뿐만 아니라, 예수님께서도 인용하시고 역사적 사실로 인정하셨다.

진화론을 수용하는 유신론적 진화론의 주장은 마치 불을 안고 집안으로 뛰어드는 것과 같다고 할 수 있다. 해로운 불을 끌어들여 집안의 중요한 것을 모두 태우는 것처럼, 진화론을 수용하는 유신론적 진화론을 인정하는 것은 기독교 신앙의 가장 중요한 기초인 성경의 권위를 떨어뜨리고 불신하게 만들어 교회를 쇠퇴하게 하는 어리석은 행위이다.

세계에서 가장 믿음이 좋은 나라였던 영국의 경우를 보라. 세계의 선교를 주도하고 가장 많은 성경을 보급하였던 영국이 오늘날에는 국민의 5% 이하만이 교회에 출석하는 선교지로 전락하지 않았는가? 영국에서 다윈이 출생하여 전 세계에 진화론을 퍼뜨렸고, 지금도 영국에서 도킨스나 호킹과 같은 진화론자들이 적극적으로 하나님의 존재를 부정케 한 결과이다.

결론적으로

창조주 하나님을 믿는 그리스도인으로서 우리가 진화론을 부정해야 하는 이유는 진화론이 과학적으로 타당하지 않고, 성경이 가르쳐 주는 내용과 매우 다르며, 복음을 파괴하는 선교의 걸림돌이기 때문이다. 따라서 같은 이유로, 진화론을 수용하는 유신론적 진화론도 타당하지 않기 때문에 부정되어야 한다.

성경이 오류가 없는 하나님의 말씀이라는 믿음을 지키지 못하고 한 발씩 물러서게 되면, 결국 모든 것을 잃게 된다는 사실을 명심해야 한다. 우리는 확고한 성경적, 과학적 창조론으로 무장하여, 거짓 과학이론인 진화론과 타협하거나 굴복하는 일이 없이 우리의 신앙을 굳건히 지켜나가야 한다.

* 이 내용은 (사)한국창조과학회 계간지 〈창조〉 제181호에 게재된 글을 재구성하였습니다.

주 ─────────────────────────────

01 편집자 주: 화학진화와 자연발생설 비판은 2부에서 상세히 다룬다.

Chapter 2

양립불가능한 창조와 진화 :
필트다운인의 부활, 유신진화론

임용철

서울삼성병원 대장암센터 연구원, 분자세포발생 생물학 박사

창조와 진화는 양립가능한 관계로 존재할 수 있을까? 결론적으로 창세기부터 요한계시록까지 성경 전체에서 일관되게 진술하고 있는 하나님의 창조와, 찰스 다윈에 의해 만들어지고 후대 진화학 자들에 의해 다듬어진 진화론의 관계는 서로 합쳐질 수 없는 양립 불가능의 관계에 있다. 이 장에서는 이 점에 대하여 고찰해 보고 자 한다. 그리하여 창조와 진화의 두 관점을 통합하려는 유신진화

론의 시도는 그 자체가 모순이자 오류임을 살펴보고자 한다.

양립할 수 없는 두 개의 기원, 창조와 진화

어떤 사건이나 현상에 관한 서로 다른 관점이나 세계관을 언급할 때 종종 등장하는 그림이 있다. 〈그림1〉의 정육면체는 얼핏 보면 하나의 정육면체로 보이지만 계속 보고 있으면, 서로 다른 두 개의 정육면체가 관찰된다. 네커의 정육면체로 알려진 이 그림은 보는 시각에 따라 앞면과 뒷면이 서로 뒤바뀌게 되는 애매한 그림이다. 이와 유사하게, 20세기의 위대한 철학자로 손꼽히는 비트겐슈타인의 토끼-오리 그림 역시 보는 관점에 따라 토끼로 보일 수도 있고 오리로 보일 수도 있다.

이 두 그림은 어떤 명제나 현상, 혹은 사건이 하나의 개념에 고

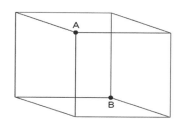

〈그림 1〉 네커의 정육면체와 비트겐슈타인의 토끼-오리

정되어 있는 것이 아니라 보는 사람의 관점에 따라 해석이 다양해질 수 있다는 포스트모던 시대의 사상을 잘 나타내 주고 있다. 포스트모던 사상에서는 이 두 그림의 해석처럼 어떠한 선택이든 그것은 절대적으로 맞거나 틀리는 문제가 아니며, 각각의 선택이 동등한 가치를 갖게 된다. 물론, 그리스도인으로 살아감에 있어서 그림에서와 같이 다양한 관점들을 포용해도 크게 문제 되지 않는 명제들도 있다. 그러나 창조와 진화, 곧 기원에 관한 명제는 개인의 정체성은 물론 세상을 바라보는 세계관을 좌우하는 중요한 문제로서 양립불가능한 것이다.

다시 한 번 네커의 정육면체와 비트겐슈타인의 토끼-오리 그림을 관찰해보자. 그리고 점 A와 점 B를 동시에 앞면으로 하는 정육면체나, 비트겐슈타인의 그림에서 토끼와 오리를 동시에 관찰할 수 있는지 한 번 시도해 보자. 그것은 불가능하다. 가능하다고 주장하는 사람이 혹 있을지 모르나, 그것은 논리적으로 불가능하다. 왜냐하면 네커의 정육면체에서 점 A 및 점 B를 포함하는 두 면의 관계는, 한쪽이 앞면이면 다른 한쪽은 반드시 뒷면이어야 하는, 양립불가능의 관계에 있기 때문이다. 토끼-오리의 경우도 눈이 포함된 오른편 얼굴의 모양을 토끼로 보았다면 머리와 연결된 두 개의 긴 모양은 귀일 수밖에 없다. 만일 머리 모양을 토끼로 보고 그것과 연결된 모양을 오리의 주둥이로 본다면, 그것은 토끼도 오리도 아닌 이상한 동물이 되기 때문에 이 둘의 관계를 하나로 합쳐서 보는 것 역시 논리적으로 '오류'이다. 실존적으로 볼 때도, 앞면이 동시에 뒷면인 정육면체나, 오리이면서 동시에 토끼인 동물은 존재하지 않는다.

창조와 진화의 기원에 관한 이슈도 위와 동일한 사안이다. 그러므로 창조와 진화라는 두 기원에 관한 주장이 이들 그림처럼 서로 통합될 수 없는 관계라고 명확히 결론내릴 수 있다면, "창조도 옳고 진화도 맞다"는 식의 유신진화론은 논리적 오류에 빠지는 것이다. 오류는 '오류'라는 단어의 사전적 의미[01]에 기술되어 있듯이 '사유의 혼란과 감정적인 동기'가 무엇인지를 찾아 바로잡아야 할 대상이다. 따라서 논리적 오류를 가지고 있는 유신진화론은 기독교인이 가질 수 있는 기원에 관한 올바른 관점이 될 수 없는 것이다.

창조와 진화가 양립할 수 없는 이유

앞서 살펴본 논리적 오류 외에 창조와 진화가 양립할 수 없는 다른 이유는 없을까? 그 이유들에 대하여 무신론과 유신론의 관점, 다윈의 진화 조건인 경쟁 및 적자생존과 하나님의 은혜에 관한 성경적 관점을 중심으로 살펴보자.

1) 유신론과 무신론

먼저, 창조와 진화가 절대 양립할 수 없는 관계임을 보여주는 대표적인 이유는 창조는 유일한 하나님을 믿는 유신론이며 진화는 하나님과 성경의 모든 기록을 신의 계시로 인정하지 않는 무신론이라는 점이다. 『종의기원』을 통해 진화론을 확립한 찰스 다윈은 1876년 쓴 자서전에서 자신은 불가지론자로 남는 것에 만족한다고 말했으며, 1880년 11월 독실한 기독교 신자인 변호사 프랜시스 맥더모트가 편지를 통해 다윈에게 "신약성서를 믿느냐?"고 질문하자 다윈은 편지 내용을 비공개에 부칠 것을 조건으로 다음과 같이 답장했다.[02]

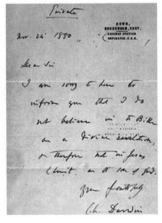

"나는 성경을 신의 계시라 믿지 않으며, 그에 따라 예수 그리스도를 하나님의 아들이라 믿지 않습니다. 이렇게 말씀드릴 수밖에 없어 죄송하게 생각합니다."

― 찰스 다윈

찰스 다윈의 편지

이렇듯, 성경을 믿지 않는다는 다윈의 고백은 진화론이 하나님의 창조를 기술하고 있는 성경과 그 시작부터 서로 섞일 수 없는 관계에 있음을 확정적으로 알려주고 있다.

요컨대, 창조는 하나님이 있다는 유신론이고, 진화는 하나님이 없음을 주장하는 무신론이기에 동시에 성립할 수는 없는 것이다. 그럼에도 불구하고, 기독교 내에서 생물진화가 하나님께서 생명을 창조하신 방법이라고 주장하는 것은 무신론을 믿는 진화론자들을 지지하는 우스꽝스러운 억지주장이 될 뿐만 아니라, 하나님 앞에 참으로 부끄러운 일이 아닐 수 없다.

2) 다윈의 진화의 조건

다음으로, 창조와 진화가 양립할 수 없다고 주장할 수 있는 또 하나의 이유는 다윈이 그의 저서 『종의 기원』에서 밝힌 생물의 진화를 가능케 하는 진화의 조건에 있다. 왜냐하면, 이 조건과 성경의 주장 사이에는 결코 좁혀지거나 양립할 수 없는 극명한 차이가 발견되기 때문이다. 다윈이 『종의 기원』에서 밝힌 진화가 일어나기 위한 네 가지 조건[03]은 다음과 같다.

첫째, 한 종에 속하는 개체들은 각자 다른 형태, 생리, 행동 등을 보인다. 즉 자연계의 생물 개체들 간에 변이가 존재한다.

둘째, 일반적으로 자손은 부모를 닮는다. 즉 어떤 변이는 유전한다.

셋째, 환경이 뒷받침할 수 있는 이상으로 많은 개체들이 태어나기 때문에 먹이 등 한정된 자원을 놓고 경쟁할 수밖에 없다.

넷째, 주어진 환경에 잘 적응하도록 도와주는 형질을 지닌 개체들(적자)이 보다 많이 살아남아(생존) 더 많은 자손을 남긴다.

진화생물 학자들은 위의 네 가지 조건을 진화의 필요충분조건이라 하며, 이 조건을 만족시킨다면 세상 어디에서도 진화는 반드시 일어난다고 주장한다.[04] 최근의 유신진화론[05]은 하나님께서 생명을 만드신 창조의 방법이 바로 진화이며, 이 과정에 하나님의 초자연적인 개입은 전혀 없었다고 주장하므로, 다윈이 제시한 위의 네 가지 조건 역시 그대로 인정하고 받아들이는 것이 된다.

그러므로 다윈이 제시한 진화의 조건이 성경의 주장과 결코 통합될 수 없다는 사실이 확인된다면, 앞서 강조했듯이, 하나님의 창조와 병존할 수 없는 유신진화론은 기원에 대한 또 하나의 선택 사항이 아니라 논리적 오류를 찾아 바로잡아야 할 대상이 되는 것이다. 이 점을 염두에 두고, 이제부터 진화의 조건들과 이에 대한 성경의 주장을 비교하여 보자.

다윈의 첫 번째 조건인 변이는 창세기 1장에 10번이나 등장하는 생물들을 '종류대로' 창조하셨다는 그 종류 안에서의 다양성으로 설명이 가능하다. 두 번째 조건인 유전의 경우도 "생육하고 번성하라"는 하나님의 말씀에 대한 생물학적 방식으로 설명이 가능하기에 전혀 문제 될 것이 없다. 변이와 유전은 지금도 관찰되는 현상이며 객관적 사실이다.

그러나 그 진위(眞僞)에 대해 자세히 살펴보아야 할 조건은 진화론의 핵심 개념을 담고 있는 **경쟁, 적자,** 그리고 **생존**이라는 단어가 등장하는 세 번째와 네 번째 조건이다. 특히 세 번째 조건에 기술된 "태어나는 개체 수에 비해 자원이 한정되어 있다"는 가정과 그로 인해 발생하는 '개체 간 경쟁'은 자연환경에서 부적합한 개체를 제거하고 적자를 가려내는 생물진화의 가장 중요한 동인(動因)이 된다. 그런데 이 가정은 다윈이 실험과 관찰을 통해 얻은 객관적 사실을 토대로 세운 것이 아니다. 다윈이 이 가정을 당시 경제학자였던 토머스 맬서스의 저서 『인구론』에서 차용했다는 것은 이미 잘 알려진 사실이다. 따라서 경쟁과 적자생존은 다윈이 하나님과 성경을 배제한 채 자연현상을 바라본 세계관이라고 할 수 있다.

이러한 다윈의 세계관을 정리해 보자면, 개체 간 경쟁을 통해 적자가 선택되고 그 적자가 생존하여 자손을 남기는 과정이 되며, 우리 인간 역시 진화의 긴 역사 속에서 자원과 먹이를 놓고 벌이는 경쟁을 통해 적자가 선택되는 방식으로 현재에 이르렀다는 것이다. 이것이 바로 진화론의 주장이다. 또한 이러한 생명관이 유신진화론의 입장인 것이다.

3) 하나님의 은혜로 주어지는 양식

생명을 유지하기 위하여 자원을 획득하는 과정이 '경쟁'이라는 다윈의 관점에 대하여 성경은 어떻게 기록하고 있는지 말씀을 통해 그 해답을 찾아보자. 창세기 1장 29-30절은 다음과 같이 기록하고 있다.

"하나님이 이르시 되 내가 온 지면의 씨 맺는 모든 채소와 씨 가진 열매 맺는 모든 나무를 너희에게 주노니 너희의 **먹을거리가** 되리라 또 땅의 모든 짐승과 하늘의 모든 새와 생명이 있어 땅에 기는 모든 것에게는 내가 모든 푸른 풀을 **먹을거리로** 주노라 하시니 그대로 되니라" (창세기 1:29-30)

이 말씀은 하나님께서 모든 동식물과 사람을 만드신 창조 6일째 하신 것으로, 여기서 알 수 있는 명백한 사실 하나는 하나님께서 사람을 포함한 모든 생물들에게 먹을 것을 마련해 주셨다는 것이다. 그런데 문제는 과연 하나님께서 먹을거리를 넉넉하게 주셨는가 아니면 부족하게 주셔서 경쟁을 유발하셨는가이다. 만일 이때 하나님께서 먹을 것을 부족하게 주셨다면 서로 경쟁을 유발하신 것이고, 그렇기 때문에 진화가 가능했을 것이라는 주장을 할 수 있을 것이다. 그러나 이러한 주장은 설득력이 없다. 왜냐하면, 하나님께서는 창세기 2장 16절에 기록된 대로, 아담에게 동산 각종 나무의 열매를 "임의로(우리말성경: 마음대로, freely)" 먹을 수 있다고 분명히 말씀하셨기 때문이다.

"여호와 하나님이 그 사람에게 명하여 이르시되 동산 각종 나무의 열매는 네가 임의로 먹되"

(창세기 2:16)

만일 다른 동물과의 경쟁이 있었다면, 아담은 자신이 원하는 나무의 열매를 결코 자유롭게 먹을 수 없었을 것이며, 그렇다면 하나님의 이 말씀은 거짓이 되고 말 것이다.

또한, 아담과 하와가 동물들과 함께 거주했던 동산의 이름은 에덴(Eden)이었으며, 그 뜻은 '즐거움' 또는 '기쁨'이다. 그런데 먹을 것을 얻기 위해 서로 경쟁해야 하며 경쟁에서 이긴 자와 경쟁에서 패해 배고픔과 죽음에 직면한 자가 공존하고 있었다면, 우리는 과연 그러한 곳을 '에덴'이라 부를 수 있었을까? 그러므로 창세기 1장에 기록된 하나님께서 모든 생물들에게 "먹을거리로 주노라"는 말씀의 의미로부터 모든 생물들이 경쟁 없이 자유롭게 먹을 것을 얻을 수 있었음을 알 수 있다.

인간의 타락 이전에 기록된 위의 창세기 말씀 이외에도 욥기와 시편을 비롯한 구약성경과 신약의 마태복음 및 누가복음에 기록된 예수님의 말씀을 통해서도 각종 피조물들, 곧 사자, 들짐승, 공중의 새, 까마귀, 가축 그리고 사람에게 **양식을 주시며 기르시는 분은 바로 하나님이시라**는 사실을 확인할 수 있다.[06] 여러 말씀들 중에서 시편 104편의 말씀은 다음과 같이 기록하고 있다.

"이것들은 다 주께서 때를 따라 먹을 것을 주시기를 바라나이다 주께서 주신즉 그들이 받으며 주께서 손을 펴신즉 그들이 좋은 것으로 만족하다가 주께서 낯을 숨기신즉 그들이 떨고 주께서 그들의 호흡을 거두신즉 그들은 죽어 먼지로 돌아가나이다"

(시편 104:27-29)

이 시편 말씀 역시 타락 이전의 창세기 말씀과 동일하게 먹을 것은 하나님께서 주시는 것임을 보여준다.

그리고 여러 성경말씀들 가운데 하나님께서 양식을 주시는 방식이 절대 경쟁이 아니라 하나님의 은혜로 주어진다는 사실을 가장 극명하게 보여주는 내용이 있다. 그것은 기독교인이라면 모두가 알고 있을 이스라엘 백성의 40년 광야생활 동안 만나를 주신 사건이다. 출애굽기 16장에는 만나가 이스라엘 백성들에게 어떻게 주어졌으며 그것을 거둔 결과가 어떠했는지 자세히 기록되어 있다. 16-18절의 말씀은 다음과 같이 기록하고 있다.

"여호와께서 이같이 명령하시기를 너희 각 사람은 먹을 만큼만 이것을 거둘지니 곧 너희 사람 수효대로 한 사람에 한 오멜씩 거두되 각 사람이 그의 장막에 있는 자들을 위하여 거둘지니라 하셨느니라 이스라엘 자손이 그같이 하였더니 그 거둔 것이 많기도 하고 적기도 하나 오멜로 되어 본즉 많이 거둔 자도 남음이 없고 적게 거둔 자도 부족함이 없이 각 사람은 먹을 만큼만 거두었더라"

(출애굽기 16:16-18)

이처럼 성경은 아담 범죄 이전의 에덴동산에서든, 아담의 타락과 노아시대의 홍수심판으로 지구환경이 변화되었든 간에, 모든 피조물들이 양식을 얻는 것은 개체들 사이에서 스스로 분투노력하는 경쟁을 통해서가 아니라 하나님의 섭리 속에 은혜로 주어지는 것임을 일관되게 피력하고 있음을 알 수 있다.[07]

그렇다면 성경이 신구약에 걸쳐 이러한 내용을 반복적으로 기록한 이유에 대해 생각해보지 않을 수 없다. 첫째는 하나님이 만물의 창조주 되심과 그 모든 것들이 하나님의 주권 아래에 있음을 우리에게 가르쳐 주시기 위함일 것이다. 또 하나의 이유를 든다면 이 땅에서 얻는 양식이 육신의 생명을 살리듯, 죽은 영혼을 살리는 양식이 바로 예수 그리스도이심을 설명하기 위함이 아닐까? 그 근거로, 요한복음 6장에서 예수님은 스스로를 '생명의 떡', '하늘에서 내려온 살아 있는 떡', '참된 양식과 음료' 등으로 표현하고 계시며,[08] 공관복음서에 기록된 제자들과의 마지막 만찬에서 떡과 포도주를 예수님 자신의 몸과 피라고 말씀하셨음을 우리는 잘 알고 있다. 지금도 이것을 행하여 나를 기념하라[09] 하신 주님의 명령에 순종하여 모든 교회들이 성찬식을 행하고 있다. 이 예식의 주된 목적은 떡과 포도주라는 육신의 양식을 먹고 마시는 의식을 통해 죄로 죽었던 우리 영혼을 살릴 수 있는 유일한 양식은 예수 그리스도라는 사실을 기억하는 데 있을 것이다. 그리고 이 양식이 우리의 노력이나 경쟁을 통해 '획득'한 것이 아니라 은혜의 '선물'로[10] 주어졌다는 사실을 마음에 새기는 데 있을 것이다.

4) 은혜와 경쟁, 양립할 수 있을까?

지금까지 기술된 내용에 동의한다면, 창조와 진화가 서로 양립할 수 없는 또 하나의 중요한 이유는 결국 하나님의 은혜와 다윈의 경쟁이 서로 양립할 수 없기 때문이라는 결론에 도달하게 된다.

　은혜와 경쟁이 양립할 수 없다는 더 구체적인 논증에 앞서, 먼저 마태복음 6장 26절에서 예수님께서 하신 말씀 "공중의 새를 보라 심지도 않고 거두지도 않고 창고에 모아들이지도 아니하되 너희 하늘 아버지께서 기르시나니…"(마태복음 6:26)에 근거한 아래의 질문에 대하여 그 답변을 상고해 보자.

　"여러분이 숲속의 길을 걷다가 우연히 배고픈 새 한 마리가 다른 새들에 앞서 벌레 한 마리를 잡아 배를 채우는 장면을 목격했다고 가정해 보자. 그렇다면 그 새는 경쟁에서 이긴 것인가? 아니면 하나님께서 기르신다는 섭리 속에 은혜로 주어진 것인가?"

　만일 여러분이 "경쟁에서 이긴 것"이라고 답한다면 '하나님께서 기르신다'는 예수님의 말씀을 부정하는 것이 되며, "하나님의 은혜다"라고 답한다면 진화의 세 번째 조건인 경쟁이 사라지게 되고 진화의 필요충분조건을 만족시키지 못하므로 진화는 일어날 수 없게 된다. 따라서 이 두 답변 중 어느 하나를 선택하든 진화를 생명창조의 방법이라 주장하는 유신진화는 심각한 자가당착에 빠지게 된다. 그러므로 유신진화의 입장에서 대답할 수 있는 유일한 답변은 "하나님께서 경쟁을 통해 새에게 양식을 주셨고, 양식을 얻은 새에게는 그것이 은혜다"일 것이다(얼마나 궁색한 변명인가?). 창조와 진화의 양립구도가 은혜와 경쟁이 양립할 수 있다는 구도로 바뀌게 된 것이다.

지금까지 경쟁과 은혜는 서로 함께 양립할 수 없는 관계임을 성경에 기록된 하나님의 말씀들을 통하여 살펴보았다. 이하에서는 어휘 분석과 사용빈도 분석 등 보다 객관적인 데이터를 통해 경쟁과 은혜가 양립불능의 관계임을 확증하고자 한다.

먼저, 표준국어대사전에 기술된 두 단어의 뜻을 비교해 보도록 하자. 대사전에서 '경쟁'의 뜻은 "같은 목적에 대하여 이기거나 앞서려고 서로 겨룸"이다. 반면에 '은혜'는 "고맙게 베풀어 주는 신세나 혜택"이다. 하나는 개인의 능력과 노력으로 어떤 목적한 바를 먼저 차지하기 위해 겨루는 것이라면, 다른 하나는 그 목적한 바가 누군가에 의해 특별한 이유나 원인이 없이 그냥 주어지는 것이다. 즉, 경쟁은 목적하는 바(예를 들어 먹을 것)를 얻는 주체가 경쟁자 스스로가 되는 반면, 은혜는 그것을 주는 수여자가 주체가 되는 것이다. 이렇듯 경쟁과 은혜는 사전적 의미만 비교해 보아도 함께할 수 없는 관계임을 알 수 있다. 따라서 경쟁하여 얻게 되는 은혜는 논리적으로 은혜가 아닌 것이다.

여기에 더하여, 은혜와 경쟁은 서로 양립할 수 없는 관계임을 보여주는 보다 실제적이며 상당히 객관적인 근거가 있다. 세계적 IT 기업인 구글은 1500년부터 2008년까지 출판된 전 세계 520만 권의 책을 디지털화하였다. 이 가운데 1800년부터 2000년까지 영문으로 출간된 책에 등장한 모든 단어들에 대해 각 연도별 그 사용빈도를 알 수 있는 데이터베이스를 인터넷에 공개했다.[11] 이 웹 사이트에서 특정 인물이나 단어를 영문으로 입력하면 과거 1800년부터 2000년 사이에 그 단어가 사용된 빈도의 추이를 살펴볼 수 있다. 이 자료를 잘 활용하면, 언어학 및 인문사회과학 연구나 문화 트랜드 등의 분석을 용이하게 할 뿐만 아니라, 특정 단어와 사회 현상과의 연관성 연구에도 적용할 수 있다.

필자는 이 웹 사이트에 접속해서, 경쟁을 뜻하는 두 영어 단어 competition과 struggle, 그리고 은혜를 뜻하는 영어 단어 grace를 입력하고, 1800년부터 2000년 사이에 이 단어들이 사용된 빈도의 추이를 확인해 보았다. 그 결과, 은혜의 사용빈도는 1840년 초반부터 꾸준히 하락하는 반면, 경쟁을 뜻하는 두 단어는 지속적으로 증가하여 2000년 기준 은혜의 빈도수를 훌쩍 넘어서고 있음을

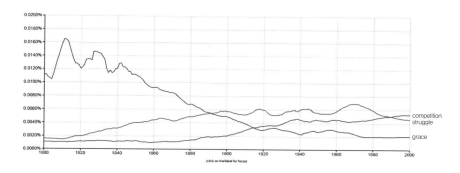

〈그림2〉 1800–2000년 사이의 경쟁(competition, struggle)과 은혜(grace)의 사용빈도

알 수 있다(〈그림2〉).

좀 더 구체적으로 살펴보면, 은혜의 사용빈도는 1800년을 기준으로 2000년까지 약 1/6 수준으로 감소한 반면, 경쟁을 뜻하는 competition과 struggle은 같은 기간 모두 약 5배 가량 증가하였다. 이 결과에서 은혜라는 단어의 사용이 꾸준히 감소하고 경쟁이 증가하게 된 원인에 대해서는 세밀한 연구와 분석이 필요하겠지만, 확실한 점 하나는 인류 역사 속에서 은혜와 경쟁 중 어느 하나가 강조되면 다른 하나는 퇴색될 수밖에 없는 양립불가능의 관계에 있음을 강력히 시사하고 있다는 사실이다. 이것은 또한 은혜와 경쟁이라는 두 단어가 단순히 사전적 의미에서만 반대되는 것이 아니라, 현실 세계에 실제로 적용되며 나타나고 있음을 보여 준다.

그러므로 "하나님께서 경쟁을 통해 양식을 주셨고, 그것이 하나님의 은혜다"라는 식의 은혜와 경쟁이 동등한 자격으로 공존할 수 있다는 주장은 이 두 단어의 사전적 의미로 보나 인류 역사의 기록으로 보나 전혀 일리 없는 논리이며 모순임을 알 수 있다. 그럼에도 불구하고, 다윈이 하나님을 배제한 채 바라본 생태계의 인본주의적 해석을 기독교 신학 안으로 끌어들이고 있는 유신진화론의 시도는 네커의 정육면체와 비트겐슈타인의 토끼-오리 그림에서와 같은 논리적 오류이며 모순이라 할 수 있다.

이러한 오류와 모순은 '은혜'와 '경쟁' 사이에서만 발견되는 것이 아니다. 진화의 조건에서 경쟁 다음에 등장하는 **적자**[12]와 **생존** 역시 그 의미가 명확히 대비되는 기독교 교리의 핵심 단어들이 있다. 그 해답에 대한 힌트는 성경의 여러 곳에서 찾을 수 있지만, 바울이 디모데에게 보낸 편지에 기록된 말씀을 근거로 찾아보고자 한다.

> "미쁘다 모든 사람이 받을 만한 이 말이여 그리스도 예수께서 **죄인**을 **구원**하시려고 세상에 임하셨다 하였도다 죄인 중에 내가 괴수니라"
>
> (디모데전서 1:15)

> "하나님이 우리를 구원하사 거룩하신 소명으로 부르심은 우리의 행

위대로 하심이 아니요 오직 자기의 뜻과 영원 전부터 그리스도 예수
안에서 우리에게 주신 은혜대로 하심이라"   (디모데후서 1:9)

말씀에 등장하는 '죄인'과 '구원'이 바로 그 단어들이다. 세상에서
승자라는 타이틀이 붙기 위해 필요한 것이 경쟁이라면 죄인에게
필요한 것은 하나님의 은혜이며, 이 세상에서 뒤처지지 않고 생존
하는 것이 하나님을 떠난 이들의 궁극적인 삶의 목적이라면, 천국
으로의 구원을 소망하며 사는 것이 성도의 본분이 아닐까 생각해
본다.

　이제 창조와 진화를 대표하는 세 단어들 사이의 서로 대립되
는 의미의 단어 짝들이 모두 완성되었다. 그리고 이 단어들은 '경
쟁을 통한 적자(승자)의 생존'이라는 진화의 조건과 '은혜를 통한
죄인의 구원'이라는 기독교의 핵심 교리를 정확하게 대비하고 있
다. 앞에서 경쟁과 은혜의 양립불가능의 관계를 구글의 Ngram
Viewer를 통해 살펴보았듯이, '승자(winner)와 죄인(sinner)' 그리
고 '생존(survival)과 구원(salvation)'에 대한 관계 또한 알아보지
않을 수 없다. 그 결과는 〈그림 3〉과 〈그림 4〉와 같이 나타난다.
빅 데이터 분석을 통해 얻은 위 결과들을 보면, 각 단어들 사이의
관계성과 그 추이에 대해 놀라움과 동시에 안타까움을 느끼지 않
을 수 없었다. 결과는 앞서 '경쟁'과 '은혜'의 결과와 유사하다.

　창조와 진화를 대표하는 단어들 사이의 서로 섞일 수 없는 관계

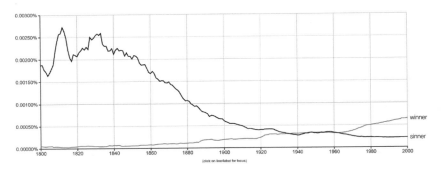

〈그림 3〉 1800년-2000년 사이의 죄인(sinner)과 승자(winner)의 사용빈도

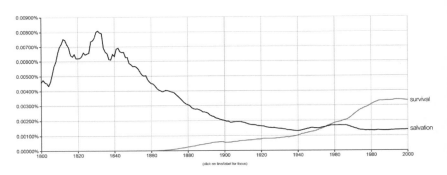

〈그림 4〉 1800년-2000년 사이의 구원(salvation)과 생존(survival)의 사용빈도

를 애써 통합하려는 유신진화론의 시도는 그 자체로서 명백한 오류이다. 그럼에도, 만일 한국의 신학교에서 유신진화론을 계속해서 가르치고 교회가 그것을 아무 거리낌 없이 받아들인다면, 결국은혜, 죄인, 구원이라는 기독교 교리의 핵심 단어들이 경쟁, 승자

(적자), 생존으로 대체될 것은 명약관화(明若觀火)한 일이며, 하나
님 역시 세상의 경쟁에서 이기고 생존하는 데 필요한 조력자 정도
로 전락하고 말 것이다.

필트다운인의 부활 – 유신진화론

1912년, 필트다운인이 세상에 발표된 이후, 여러 해 동안 이것이
조작되었음을 암시하는 믿을 만한 주장들이 있었다. 그중 하나는
1921년 레이 랑케스터(Ray Lankester) 경이 보고한 내용으로, 필
트다운인의 두개골과 턱뼈는 절대 같은 생물체의 것이 아니라는
것이었다. 이 주장은 런던 왕립대학의 데이비드 워터스톤(David
Waterston)에 의해서도 확인되었다.[13] 즉, 두개골과 턱뼈는 자연스
럽게 연결된 한 동물의 모습이 아니라, 마치 비트겐슈타인의 토끼
와 오리가 각자 하나의 온전한 동물이듯, 두 뼈, 곧 두개골과 턱뼈
가 각각이 서로 다른 하나의 완전한 개체로부터 온 것이라는 주장
이었다.[14] 그러나 이러한 문제제기에도 불구하고, 필트다운인은
약 40년간 가장 확실한 인류의 조상으로 인식되었으며, 전 세계에
진화론을 확산시키는 일등공신이 되었다.[15]

　지금도 이러한 조작극을 시도하는 일이 계속되고 있다. 바로 유
신진화론의 주장이다. 유신진화론자들은 결국 '창조를 머리'로 하

고 '진화를 턱뼈'로 합치려는 신학적 시도를 하고 있는 것이다. 그런데 이 머리와 턱뼈가 서로 잘 맞지 않기 때문에, 마치 필트다운인을 제작할 때 두 뼈의 연결 부위를 끌로 갈고 본드로 붙였듯이, 성경 말씀과 기록들을 자신들의 입맛대로 왜곡하는 '조작'을 행할 수밖에 없는 것이다. 이러한 유신진화론의 주장은 결국 성경이 그토록 강조해서 구별하고 있는 교회와 세상을 합치려는 시도이며, 조작극으로 드러난 필트다운인을 다시 부활시키려는 신학적 시도인 것이다.

주

01 '오류'의 사전적 의미는 "사유의 혼란, 감정적인 동기 때문에 논리적 규칙을 소홀히 함으로써 저지르게 되는 바르지 못한 추리"이다(국립국어원 표준국어대사전).

02 조선일보 2015년 9월 12일 기사.

03 최재천, 『다윈지능』(사이언스 북스), 26쪽.

04 같은 책, 29~30쪽

05 창조지 181호, 22쪽 참고

06 시편 104편, 욥기 38장 39~40절, 사도행전 14장 17절, 마태복음 6장 26절, 누가복음 12장 24절, 마태복음 10장 29절, 로마서 8장 20절.

07 이를 칼뱅이 말한 일반은총으로 볼 수도 있다.

08 요한복음 6장 35절, 41절, 55절.

09 고린도전서 11장 25절, 26절.

10 에베소서 2장 8절, "너희는 그 은혜에 의하여 믿음으로 말미암아 구원을 받았으니 이것은 너희에게서 난 것이 아니요 하나님의 선물이라."

11 http://books.google.com/ngrams.

12 적자를 자본주의 경쟁시대를 살고 있는 우리의 현실에 적용한다면 '승자'가 될 것이다.

13 Encyclopedia 필트다운인 이야기: 과학적 사기극의 대명사.

14 편집자 주: 필트다운인은 인간의 두개골과 원숭이의 턱뼈를 붙인 것이다.

15 편집자 주: 필트다운인은 스코프스 재판에서 진화론 측의 증거로 채택되었다.

Chapter 3

창조 진리와 유신진화론 : 진화론이 신앙의 본질에 미치는 영향

김병훈

합동신학대학원대학교 조직신학 교수, 나그네교회 담임목사

유신진화론이란

유신진화론은 크게 두 가지 견해로 나눠진다. 하나는 하나님께서 창조하시되 진화의 방식을 따라 하셨으며, 다만 특정한 단계에 있어서 특별한 초자연적 개입을 하셨다는 것이다. 다른 하나는 하나님께서 오로지 진화의 방식으로만 창조하셨다는 견해이다.

전적인 초자연적 창조를 하나님의 창조 방식으로 이해한 전통적인 창조론의 영향에 의하여 유신진화론의 초기 형태는 전자의 견해였다. 19세기 후반과 20세기 초반의 주요 복음주의 영역의 신학자들 가운데 몇몇이 이러한 주장을 개진하였다. 예를 들어, 핫지(A. A. Hodge), 스트롱(A. H. Strong), 워필드(B. B. Warfield), 오르(James Orr) 그리고 라이트(George Wright) 등이다. 이러한 전통적인 유신진화론은 하나님께서 우주 자체를 시작하게 하는 절대적인 창조, 그리고 생명체를 시작하는 경우와 인간을 시작하게 하는 경우에만 하나님의 초자연적인 개입이 있는 것으로 제한하였다. 이에 따라 인간 이외의 생명체들은 생명체가 시작된 이후에 자연적인 진화의 방식을 통해 나타난 것이라는 주장을 편다. 요컨대 천체물리학과 지질학의 측면에서는 진화론을 받아들이면서, 생물과 인간의 기원에 있어서만 하나님의 기적적 개입을 인정한다. 하지만 인간을 제외한 생물들의 다양한 분포는 진화의 결과로 이해한다.

전통적인 유신진화론과는 달리, 최근에는 하나님의 초자연적인 개입을 전혀 인정하지 않은 채, 오로지 자연적인 진화의 방식으로만 이 세상의 생명이 만들어졌다는 주장이 유신진화론을 대표하는 견해로 개진되고 있다. 이러한 주장을 하는 이들 가운데 대표적인 사람으로 반 틸(Howard J. Van Till)과 라무르(Denis O. Lamoureux)를 지목할 수 있다. 이러한 최근의 유신진화론은 '진화적 창조(evolutionary creation)' 또는 '완전한 능력을 갖춘 창조(fully gifted creation)'라는 말로 표현한다. 이 견해는 하나님의 초자연적 개입을 인정하는 유신진화론이 불필요한 '하나님의 초자연적인 개입'이라는 미봉책을 도입하는 잘못을 범하고 있다고 비판을 한다. 왜냐하면, 이들의 생각에 하나님은 세상을 창조하실 때 애초부터 스스로 자연법칙에 의하여 생명을 창조할 수 있도록 하셨으므로, 생명의 창조와 관련하여 어떠한 기적적인 개입을 전제할 필요가 전혀 없다는 것이다(이후에는 이런 최근의 유신진화론을 '현대 유신진화론'으로 표기할 것이다).

창조와 진화는 대립하는 것이 아닐까?

유신진화론자들은 창조와 진화가 서로 갈등, 또는 대립적이라는 생각에 대해 도전장을 던진다. 그들은 창조와 진화를 대립적인 갈등 관계로 보는 것은 사실상 근거가 없다고 주장한다. 어떤 유신진화론자는 창조와 진화를 대립적인 갈등 관계로 이해하는 것은 마치 창조를 마술사가 마술을 부리는 것과 같은 방식으로 이해하는 것이라고 주장한다. 하나님께서 자연적인 방식으로 많은 일을 행하고 계신 것을 분명히 알면서도, 창조의 경우에는 자연적인 방식을 제외한 채, 오직 기적적인 방식으로만 이루어진 것처럼 하나님의 창조를 제한하는 것은 잘못된 것이라고 말한다. 오히려 하나님의 창조는 과학으로 이해할 수 있는 자연의 원리를 통해서도 얼마든지 이루어질 수 있음을 인정하여야 한다고 주장한다.

유신진화론자들이 이런 주장을 하는 이유는 무엇일까? 그들의 주장은 하나님께서 성경의 저자이시면서 또한 자연의 저자이시라는 것이다. 동일한 하나님이 한편으로는 성경에서 창조의 사실을 말씀하시며, 또한 다른 한편으로는 자연에서 진화라는 자연의 원리를 통해 생명의 창조를 보이시므로, 성경의 창조 계시는 자연 진화의 계시와 같은 것이라는 주장이다. 이러한 주장에 따라, 최근의 유신진화론자들은 성경과 자연은 하나님의 창조에 대하여 서로 충돌하지 않는 상보적인 이해를 가능케 한다고 말한다.

이들의 주장과 얼핏 보면 비슷해 보이지만 다른 견해가 있는데, 그것은 스티븐 제이 굴드(Stephen Jay Gould)가 말한 것으로 흔히들 NOMA(Nonoverlapping Magisteria, '겹치지 않는 교도권들')로 알려진 견해이다.[01] 이에 따르면, 성경은 단지 도덕과 가치만을 말하며, 자연은 자연에 대한 객관적 사실을 말해 준다는 식으로 각각에게 분리된 독립적 지위를 누린다고 생각한다. 이러한 주장은 객관적 사실인 자연의 진화를 진리로 받으면서, 또한 성경이 객관적 사실인 진화를 창조로 말하는 종교적 이유, 곧 도덕적이며 주관적인 가치를 인정할 것을 강조한다. 이러한 영역의 분리를 통해서 종교와 과학, 성경과 자연의 조화를 시도한다.

그러나 이러한 주장이 담고 있는 치명적인 문제는 성경이 더 이상 우리가 사는 세상에 대한 객관적 세계를 설명하지 못하므로, 단지 주관적인 영역의 것으로 머문다고 주장하여, 성경에 대해 하나의 객관적이며 보편적인 세계관으로서의 진리의 권위를 상실케 한다는 점이다.

앞서 말한 창조와 진화를 상보적으로 보는 최근의 현대 유신진화론은 굴드의 NOMA와는 다른 견해이다. 상보적 유신진화론은 성경을 주관적 영역으로, 과학을 객관적 영역으로 구분하거나 대립시키지 않는다. 상보적 유신진화론은 성경의 자연에 대한 계시가 객관적이며, 그런 만큼 성경에서 말하는 창조는 객관적 사실이라고 강조한다. 상보적 유신진화론은 창조를 객관적 사실로 강조함으로써 자연이 진화를 통해 생명을 발전시키게 된 이유는 그러한 진화의 원리가 바로 창조의 결과이기 때문이라는 것이다. 따라서 신학자들이 성경을 읽어내고, 과학자들이 자연을 읽어낼 때, 과학자들이 자연에 대해 해석한 것은 신학이 성경에서 읽어낸 창조가 무엇인지를 해설하는 것으로 받아들여야 한다고 강조한다. 왜냐하면, 성경을 기록하게 하신 하나님이 곧 자연을 만드신 하나님이시기 때문이라는 것이다. 그러므로 자연에 대한 과학의 진화론적 관찰과 해석은 바로 창조주 하나님의 지혜와 능력을 드러내 주는 것으로 이해한다.

상보적 유신진화론을 지지할 수 있을까?
- 방법론적 자연주의라는 문제점

상보적 현대 유신진화론은 과연 성경의 창조론을 잘 반영하며 고백하는 것일 수 있을까? 이러한 질문에 대한 답을 찾는 과정으로, 우선 소위 방법론적 자연주의의 문제를 고려해 보자.

방법론적 자연주의란 자연과 관련한 현상들을 연구함에 있어서 방법론적으로 하나님에 대한 어떠한 고려도 거부하는 연구 방법론이다. 즉 본래 자연이 자연 스스로 있었다는 전제, 곧 자연주의의 전제를 따라서 연구를 하여야 한다는 것이다.

상보적 유신진화론자들은 이러한 방법론적 자연주의가 형이상학적 자연주의와 결부되지 않는다면 문제가 되지 않을 것으로 여긴다. 이들은 어쨌든 하나님의 존재를 믿기 때문에 '형이상학적 자연주의', 곧 '하나님을 부정하고 오직 자연이 존재하는 모든 것'이라는 세계관을 거부한다고 말한다.

이러한 이해에서 유신진화론자들은 방법론적 자연주의가 결코 형이상학적 자연주의를 필연적으로 낳는 것이 아니라는 주장을 전제로, 방법론적 자연주의가 자연을 연구하는 데에 적절한 원리라는 데에 이의를 제기하지 않을 뿐만 아니라, 오히려 그것을 적극적으로 지지한다. 상보적 유신진화론자들은 우주와 생명체의 기원이 자연적인 방식으로 설명될 수 있다고 믿으며, 그러한 설명을 위하여 하나님의 초자연적 개입을 동원할 아무런 이유가 없다고 믿는다.

예를 들어, 상보적 유신진화론자인 반 틸은 하나님께서 자연을 창조하실 때, 그 자연은 '완전한 능력을 갖춘 창조(fully gifted creation)'[02]이며, 스스로 자연적 원리를 따라 자기를 조직화하고 변형하는 자아 충족적인 체계라고 주장한다. 따라서 자연 안에서 생명의 기원을 살필 때, 자연적 원리 이외에 어떠한 초자연적인 개입도 불필요하다고 믿는다.

방법론적 자연주의는
기원을 설명하는 과학으로 적절하지 않다

그러나 정말로 방법론적 자연주의가 형이상학적 함의를 전혀 전제하지 않으며, 오직 자연 현상만을 자연적인 방식으로 설명할 따름일까?

상보적 유신진화론자들의 생각과는 달리, 무신론자들은 방법론적 자연주의는 형이상학적 자연주의의 당연한 결과로 수용하며, 자연주의 세계관을 함의하는 것으로 이해한다. 이들의 견해에 따르면, 방법론적 자연주의와 형이상학적 자연주의는 분리하여 생각할 수 없다.

무신론자들과 정반대 편에 서서, 진화론을 비판하는 지적 설계 운동을 전개한 필립 존슨(Philip E. Johnson)은 무신론자들과 마찬가지로 방법론적 자연주의가 형이상학적 자연주의를 내포한다고 주장한다.[03] 유신진화론자들이 한편으로는 진화론을 과학적인 것으로 객관적 검증을 받은 것으로 인정하면서, 다른 한편으로는 방법론적 자연주의와 형이상학적 자연주의를 연결하는 리처드 도킨스(Richard Dawkins, 『만들어진 신(The God Delusion)』, 『눈먼 시계공(The Blind Watchmaker)』)와 같은 이들을 경계할 수 있다고 여기는 것은 잘못된 것이거나 판단 착오라고 존슨은 지적한다. 모든 문제를 자연주의적 해법으로 다 설명할 수 있다고 말할 때, 이러한 '방법론적 자연주의'를 '세계관으로서의 자연주의'와 구별한다는 것은 사실상 가능하지 않다. 자연주의라는 방법론적 전제를 가지고 자연을 연구할 때, 생명의 창조에 하나님께서 개입하셨다는 사실을 애초부터 잘못된 전제로 취급하므로, 형이상학적으로 하나님은 철저하게 부인되고 만다.

존슨의 생각은 플란팅가(Alvin Plantinga)에 의해서 지지를 받는다.[04] 플란팅가는 과학이 어떤 종교적이나 신학적 고백과는 전혀 무관하다는 생각 자체가 이미 계몽주의의 영향 아래 퍼진 잘못된 전제라고 말한다. 과학은 단지 경험의 영역 안에 있는 것만을 다룰 뿐이며, 기원과 관련한 것에 대해서는 어떤 주장도 객관적이며 중립적으로 내세울 수가 없다는 사실에 유의할 필요가 있다고 지적한다.

하나님께서 창조를 직접 하셨다는 사실은 결코 경험으로서의 과학 활동을 전혀 방해하지 않는다. 이러한 창조론이 걸림돌이 되어 불편하게 생각하는 주장이 있다면, 그것은 처음부터 하나님을 인정하지 않는 방법론적 자연주의가 가지고 있는 전제일 뿐이다. 결론적으로 방법론적 자연주의는 기원을 다루는 과학의 방법론으로서 적절하지 않다.

하나님께서는 우주를 만드시고
그것을 단지 바라만 보시는 분이 아니시다

상보적 유신진화론을 주장하는 반 틸은 하나님께서 만드신 자연은 스스로 생명을 만들어 내는 능력을 갖추었다고 말한다. 반 틸의 이러한 주장은 하나님을 기능과 작용적인 측면에서 자연을 만드시고 멀리서 단지 바라만 보실 뿐이라는 신관, 곧 이신론을 낳는다. 반 틸의 주장에 따르면, 하나님께서 창조하신 우주는 스스로 자기를 조직화하고 변형을 해나가는 기능적인 능력을 완전히 갖춘 우주로, 하나님께서는 이러한 우주를 창조한 이후에 우주의 기능을 바라만 보실 뿐 어떠한 초자연적인 개입을 하지 못하신다. 만일 하나님께서 초자연적인 개입을 하신다면, 그것은 그가 만든 우주가 완전한 능력을 갖추지 못한 것임을 뜻할 뿐만 아니라, 이러한 불완전한 우주를 하나님이 초자연적으로 개입하여 우주에 대해 일종의 보수 또는 보완의 작업을 한다는 것이 되고 만다. 결국, 하나님의 지혜와 능력을 훼손하는 주장이 되는 것이다.

　이러한 주장은 적어도 두 가지 점에서 잘못된 것이다. 하나는 이러한 하나님은 생명의 창조를 하실 수 없는 것은 물론이거니와, 자연 세계를 자신의 목적대로 이끌어 가는 특별섭리 활동조차도 못하신다. 게다가 기적을 행하시는 비상섭리의 활동은 더더구나 불가능하다. 이러한 하나님은 성경이 교훈하는 하나님이 아니다. 즉 유신진화론의 하나님은 성경의 하나님이 아닌 것이다. 다른 하나는 반 틸의 주장이 전혀 근거가 없다는 사실이다. 성경에서 하나님은 자신이 전혀 개입할 필요가 없을 정도로 완전한 능력을 갖춘 우주를 만드신 후에 그것에 전혀 개입하지 않으시는 분으로 자신을 계시하신 적이 없다. 반 틸은 아무런 성경의 근거도 없이 자신의 주장을 위한 하나님을 설정하고, 생명의 창조를 위하여 우주에 개입하는 하나님은 지혜와 능력이 부족한 분이심을 뜻한다고 주장하는 것이다. 즉 자신이 설정한 임의적인 전제에 따라 하나님을 높이는 듯 보이면서 하나님의 개입을 부인하는 것이다. 초자연적인 개입을 하지 못하도록 하나님을 제한하고 나서, 이러한 자신의 생각이 오히려 하나님의 지혜와 능력을 온전하게 만드는 것이라고 주장을 하는 셈이다. 이것은 궤변이다.

유신진화론은 과학적 사실에 근거하고 있는가?

생명이 이 세상에 존재하게 된 이유로 어떠한 초자연적인 하나님의 개입을 인정하기를 거부하는 상보적 유신진화론은 그 주장의 출발을 철저한 방법론적 자연주의에 두고 있다. 방법론적 자연주의에 따라 상보적 유신진화론은 생명의 출현이 순전히 자연주의 원리에 따라 설명할 수 있으며 또한 실제로 그렇게 나타났다는 것을 전제로 한다. 그러나 그것이 사실일까? 물질에서 화학적 변화를 거쳐서 유기물질이 나오고 그것에서 다시 단세포 생명체가 나오고 그것으로부터 복잡한 생명체를 거쳐서 인간과 같은 존재가 나오게 되었다는 주장을 진실한 것으로 뒷받침할 과학적인 증거가 있는 것일까? 이 질문의 답은 지극히 회의적이다. 그러한 주장을 하기에는 너무나도 경험적인 자료가 턱없이 부족하기 때문이다.

브래들리(Walter L. Bradley)의 설명에 따르면, 유신진화론은 대체로 소진화로 알려진 생명체에 대한 복잡화과정 가정을 근거로, 물질의 화학적 변화를 거쳐 단순생명체가 출현하게 되었을 것이며, 또한 대진화로 알려진 일도 가능하게 되었을 것이라는 믿음에 기초한다.[05]

유신진화론자인 데니스 라무르(Denis O. Lamoureux)는 진화의 방식으로 창조가 이루어졌다는 주장은 현재 관찰이 되는 일상적 작용이 우주가 시작된 기원과 같은 과거에도 동일하게 작용을 하였다는 믿음에 기초한다고 밝혔다.[06] 즉 유신진화론, 곧 라무르 표현에 따르면 '진화 창조'에서는 일상의 과학과 기원의 과학이 서로 다르지 않다고 생각한다. 생명이 나타나기 이전에 세상에서 작용하던 원리는 생명이 나타난 지금의 세상에서도 동일한 원리로 작용한다는 것이다. 이러한 주장도 분명히 과학적 사실이 아니다. 이것은 관찰된 사항도 아니며, 검증된 사항도 아니기 때문이다. 그냥 하나의 형이상학적 믿음일 뿐이다.

하나님의 창조는
자연의 활동으로 환원할 수 있는 것이 아니다

상보적 유신진화론의 주장에 따르면, 하나님의 창조는 사실상 자연법칙에 의해서만 이루어진다. 하나님의 초자연적 개입이라는 제1 원인을 부정하고, 오직 자연법칙이라는 제2 원인을 생명 출현의 이유로 설명한다. 즉 진화가 생명 출현의 직접적이며 유일한 원인이다. 이러한 진화의 과정은 자연의 현상이 존재하는 한 계속된다. 말하자면 유신진화론은 생명의 창조가 자연 현상 안에서 진화적으로 계속해서 이루어지고 있다고 주장한다. 그러므로 창조란 결코 완성되거나 종결되지 않는다.

그러나 이런 유신진화론의 창조 개념은 두 가지 점에서 성경에서 말하는 창조와 전적으로 다르다. 그중 하나는 성경에서 말하는 창조가 자연법칙이라는 자연 자체의 내재적 원리에 의한 것이 아니라는 사실이다. 즉 성경은 창조에 대하여 이제껏 존재하지 않았던 것을 하나님께서 명령하여 존재케 하시는 하나님의 권능의 활동이라고 말한다. 이는 하나님께서 자연의 능력을 초월하는 활동을 하셨다는 것을 의미한다. 이러한 하나님의 창조 활동은 신학적으로 '무에서의 창조(creatio ex nihilo)'라는 특징을 가진다. 이 말이 뜻하는 것은 단순히 재료 없이 무엇인가를 만들어 내셨다는 것이 아니다. 오히려 이 말은 실행의 원인과 관련한 것이다. 즉 재료를 사용하든 사용하지 않든, 재료로 사용된 물질의 자체 속성으로는 나올 수 없는 결과를 만들어 내는 하나님의 실행적 능력을 가리키는 개념이다.

자연법칙과 같은 작용의 원리에 따라 생성, 성장, 보존, 소멸의 과정을 겪어가는 자연의 현상은 하나님의 섭리 활동에 속한 것이지, 결코 창조 활동이라고 볼 수 없다. 곧 유신진화론은 하나님의 창조를 부인하고, 그것을 섭리 활동으로 환원시키는 오류를 범하고 있다.

다른 하나는 앞에서 말한 내용에 대한 자연스러운 연결로 성경이 창세기 1장에서 6일간에 걸쳐 하나님의 창조가 완결되었으며, 일곱째 날에는 안식하셨음을 말하고 있다는 점이다. 성경의 이러한 교훈은 자연 현상 안에서 진화적으로 생명이 계속해서 존재하고 나타나게 된다는 유신진화론과 정면으로 충돌한다. 성경은 하나님께서 이 세상을 창조하신 후에, 더 이상 창조를 계속하지 않으심을 분명하게 교훈하기 때문이다. 성경이 말하는 하나님의 창조 활동은 마지막 날에 이 세상을 새롭게 하시어 새 하늘과 새 땅을 만드실 때 다시 한 번 있게 될 것이다. 현재의 세상을 만드신 첫 창조는 그때 행하셨던 그 활동으로 완결되었다.

유신진화론은 창조와 관련한 성경의 교훈들을 사실로 인정하지 않는다

성경은 창조가 있었다는 사실에 대한 교훈뿐만 아니라, 6일 동안에 이루어졌다는 창조의 방식도 교훈하고 있다. 그러나 유신진화론은 성경의 창조기록을 한낱 신화나 우화로 여길 뿐만 아니라, 창조와 관련한 정보를 알려주는 문자적 기록으로는 결코 받아들이지 않는다. 즉 신화나 우화의 형식을 통해 창조라는 사실만을 알려줄 뿐이며, 창조의 방식 등에 대해서는 아무런 사실도 알려주지 않는다고 주장한다. 그리하여 유신진화론의 이러한 주장은 창세기 1장의 6일 창조의 기록을 본질상 비문자적인 것으로 해석한다.

또한, 창세기 2장에서 하와를 아담의 옆에서 취한 갈빗대로 창조하신 일도 결코 사실이 아니라고 말한다. 심지어 창세기 3장에 기록된 아담과 하와의 타락, 그것으로 인한 죄와 죽음의 형벌에 대한 교훈이 로마서 5장과 8장, 고린도전서 15장 등에서 명백히 확인됨에도 불구하고, 이러한 모든 사실을 인정하지 않는다. 그 이유는 죽음이 인간이 등장하기 수억 년 전에 모든 동물에게 이미 본질적 속성으로 나타나고 있었다고 유신진화론은 주장하기 때문이다. 유신진화론은 이런 창조 방식과 관련한 성경의 교훈을 사실로 인정하지 않는다.

유신진화론은 기원에 관한 성경의 교훈을 있는 그대로 받아들이지 않는다. 유신진화론은 심지어 인류의 시조로서 아담과 하와라는 두 사람의 존재조차 인정하지 않는다. 어떤 유신진화론자는 선행인류를 가정하면서 그 선행인류가 진화를 거치는 가운데 여러 명의 아담과 하와가 존재했다고 주장한다. 다른 유신진화론자는 아예 아담과 하와라는 특정 인물들은 존재하지 않았다고 말한다. 더욱이 현행인류는 선행인류의 진화의 결과물이고 죽음은 자연계 생명체들의 본질적인 속성이라고 말한다. 아담과 하와와 관련한 성경의 기록은 육체적 죽음이 아니라 영적인 죽음을 말하기 위한 것으로 해석하며, 육체적 죽음을 고리로 하는 진화의 방식을 주장한다. 적어도 죽음은 아담의 타락으로 인한 것이 아니며, 또한 죄와 관련하여 인간에게 주어진 것도 아니라고 말한다. 요컨대 성경의 교훈을 기록한 대로 받아들이지 않으며, 그것을 진화론의 안목에 따라 해석하여, 성경과 신학의 전통에서 이탈한다.

결론:
유신진화론은 성경의 교훈은 물론 성경 자체를 허문다

유신진화론을 성경적인 기독교의 가르침으로 받을 수 있을까? 결코 그럴 수 없다. 유신진화론은 창조론에 대한 여러 견해 가운데 하나이지만 수용할 만한 주장이 절대로 아니다. 그것은 성경적 기독교를 허물며, 결국 성경 자체를 허문다. 유신진화론의 오류는 다음 몇 가지로 정리할 수 있다.

우선 진화론이 비록 사실상 현대 과학의 주류 견해인 것은 사실이지만, 그것은 경험에 속한 과학에 포함되지 않는다. 진화론은 과학적으로 확정된 이론이 아니며, 다만 현상을 읽기 위한 하나의 전제적인 관점 또는 더 넓게 말해서 세계관일 뿐이다. 유신진화론은 이러한 진화론을 자명한 진리로 인정하는 오류를 범하고 있다. 그리하여 성경이 교훈하는 명백한 창조의 진리를 진화론의 틀에 따라 재해석하는 오류를 범하고 있다.

그 결과 유신진화론은 스스로 주장한 바와는 정반대로, 성경의 교훈을 종교적이며 도덕적인 주관 영역에 제한시키고, 자연에 대한 객관적 영역을 해석하는 권위를 과학에 돌리면서, 과학의 이름으로 진화론이라는 세계관을 진리로 제시하는 오류를 범한다. 그리고 성경이 교훈하는 창조사역이 하나님의 직접적인 개입에 의한 것이라는 자명한 이해를 부정하고, 하나님을 우주 밖으로 멀리

내쫓는다. 이것은 본래 유신진화론이 비판한 주장임에도 불구하고, 유신진화론에 따라 성경의 기록을 있는 그대로 받아들이지 않을 때 피할 수 없이 나타나는 결론이다.

이러한 유신진화론은 첫 번째 인간인 아담과 하와의 창조의 역사성을 부인하고, 선행인류의 출현 가운데 현행인류가 나왔다고 말하며, 하나님의 형상으로 지음을 받은 특별 창조를 부인한다.

전통적인 유신진화론의 경우 진화의 과정 가운데 하나님의 특별한 초자연적 개입을 인정하면서 인간의 특별성을 설명한다. 진화론의 틀 안에 있으면서도 하나님의 초자연적 개입을 완전히 부인하지 못하는 전통적 유신진화론은 결국 창조, 특별히 인간의 창조란 하나님의 초자연적 개입에 의한 것이라는 사실을 완전히 부인하지 못한 데에서 비롯된 궁여지책이었다.

하지만 현대 유신진화론은 전통적인 유신진화론을 비판한다. 어떠한 초자연적 개입이 없이 철저한 자연주의 방식에 의한 진화의 과정만이 인간의 창조를 설명한다고 믿기 때문이다. 그 결과 현대적 유신진화론은 하나님의 형상의 의미를 부인하며, 또한 타락과 죄, 죽음의 형벌 등의 모든 교리의 기초를 허문다. 예수 그리스도의 대리속죄, 죽음과 부활에 의한 생명의 회복 등을 허구로 만들어 버린다.

전통적인 유형의 유신진화론도 그렇거니와 현대의 유신진화론은 더욱더 교회를 그리스도에게서 멀어지게 하며, 세상의 시선을 하나님에로부터 자연으로 못 박도록 하여 죄 사함과 영생의 문을 닫아 버린다. 이러한 참담한 결과는 결국 이 모든 사실을 진리로 선포하는 성경 자체를 허물어 버린다. 성경의 증거가 인정되지 않을 때, 성경의 권위는 무너지게 된다. 성경의 권위는 성경이 증거하는 바가 객관적 진리임을 믿을 때 성경 자체의 증거에 의하여 세워지는 것이기 때문이다. 유신진화론은 창조를 비롯한 인간의 타락, 그리스도의 대리속죄 등을 약화하거나 부인함으로써 성경 자체의 권위를 허물어 버린다.

* 이 내용은 (사)한국창조과학회 계간지 〈창조〉 제181호에
게재된 글을 재구성하였습니다.

주

01 *Natural History* 106, pp.16-22.
02 "The Fully Gifted Creation," in J. P. Moreland and John. Mark Reynolds, eds., *Three Views on Creation and Evolution*.
03 Darwin on Trial(심판대 위의 다윈), The Wedge of Truth(진리의 쐐기), "Reflection" in *Three Views on Creation and Evolution*.
04 *Origin & Design Journal*, vol. 18, no. 1, 2.
05 "Response to Howard J. Van Till," in T*hree Views on Creation and Evolution*, pp.223-224.
06 *I Love Jesus & I Accept Evolution* (Eugene, OR: Wipf and Stock Publishers, 2009).

생명의 기원에 대한 화학적 진화의 설명은 설득력이 없다.

다양성은 존재하지만 다양성의 존재가 변이의 축적 및 자연선택을 의미하지는 않는다.

진화론으로 말미암아 과학과 신앙 사이에 갈등이 일어나고 있다. 유신진화론으로는 그 갈등을 해결할 수는 없다. 과학과 신앙의 조화는 과학적 방법론으로가 아니라, 과학보다 위에 있는 창조진리 안에서 합쳐질 수 있는 것이다.

과학은 피조세계의 질서를 설명할 수 있을 뿐 그 질서의 기원을 설명할 수는 없다.

2부

Chapter 4

창조와 진화의 논쟁의 역사와
논쟁 이슈들

편집부

한국창조과학회

이 장에서는 우리나라에서의 진화론자 및 유신진화론자와 창조
과학자 사이에서의 논쟁을 요약하여 살펴보고, 또한 미국에서의
사례를 중심으로 유신진화론자와 창조론자 사이에서의 논쟁 이
슈를 소개하면서 그 내용을 상세히 살펴보고자 한다.

우리나라에서의 논쟁

우리나라 기독교에서 진화론을 인정해야 한다고 하면서 창조과학운동을 비판하는 주장이 공식적으로 등장한 것은 1997년 10월부터 1998년 2월까지 〈복음과 상황〉 잡지를 통해서일 것이다. 신학계에서는 유신진화론에 대한 논의가 있었을 것이지만, 과학을 전공하는 사람을 통해 공개적으로 주장된 것은 당시로서는 매우 충격적인 일이었다. 현재 서울대학교 교수로 재직 중이면서 진화학 및 과학철학을 전공하고 있는 장대익 교수는 당시 과학철학을 전공하는 박사과정 학생으로서 연재 글을 기고하였다. 그는 "과학과 신앙의 갈림길에서", "제3의 관점—조화주의적 관점", "기독교와 진화론, 화해할 수 없는가", "기독교와 진화론의 화해, 유신론적 진화론", "한국의 창조과학 운동을 재고한다" 등의 다섯 번의 연재를 통해 진화론과 기독교가 조화될 수 있음을 주장하였다.[01] 그 내용을 요약하면 다음과 같다.

"과학은 기독교를 반증하거나 확증하는 직접적인 증거로서 기능할 수 없으며, 그 역도 마찬가지이다. 그러나 그렇다고 해서 기독교와 과학이 분리된 두 영역 속에 존재하는 것은 아니다"라는 러셀 교수(자연과학과 신학을 위한 센터)의 주장이 자신의 주장과 동일하다고 말하였다. 또한, 진화론을 적(敵)으로 보는 태도는 과학사가 보여주는 인간-피조물의 제한성을 받아들이지 못하는 교만이며, 창조과학은 기독교인들에 대한 지적 테러라는 주장도 있다고 소개하였다. 그는 기독교가 진화론을 받아들이지 못하는 이유가 다음과 같다고 주장하였다.

첫째 이유는, 기독교 입장에서 진화론은 인간에 대한 모욕이라고 생각하기 때문이라는 것이었다. 그러나 그는 이에 관하여 인간이 원숭이와 닮았다는 것은 유전학적으로 증명된 것이고. 인간이 특별하다는 것은 신학적으로도 지지받기 힘든 것이라고 주장하였다. 왜냐하면 인간이나 다른 생명체나 모두 흙으로 창조되었기 때문이라고 주장한다.

둘째, 생존을 위한 경쟁이 진보를 낳는다는 사회다윈주의가 너무 살벌해서 기독교에서 받아들이기 힘들다는 것이었다. 그러나 그는 다윈 이론은 투쟁과 경쟁이 있지만, 유기체들의 합동이라는 또 다른 측면이 있다고 주장하였다.

셋째, 문자주의 성경 해석 때문에 진화론을 받아들이지 못하는데, 창세기는 하나님에게 강조점이 있지, '어떤 방식으로 창조하였는지'로 해석하면 안 된다는 것이었다.

마지막으로, 신적 행위에 대한 오해가 있는데, 신적 행위가 반드시 자연적인 것을 초월하는 것으로 이해할 필요가 없고, 도리어 자연적 · 역사적 과정들을 통해 일어나는 것으로 이해할 수 있다는 것이었다.

진화론 자체가 무신론을 결과하지 않으며 과학 전반이 무신론을 지지하는 것은 아니라는 중요한 통찰로부터 진화를 하나님의 창조행위로 이해하는 것이 유신진화론이라고 소개하였다. 그렇다면 어떻게 '우연'이 하나님의 창조행위가 될 것이냐는 질문에 대하여는 양자역학(양자물리학)을 소개하면서, '우연'이 하나님의 숨겨진 대리행위라고 주장하였다.

이와 더불어 그는 창조과학운동을 네 가지로 비판하였다.

첫째, 신학적 전통이 검증된 것이 아니라는 것이다. 미국의 창조과학 운동이 안식교 전통에서 시작된 것인데, 이것을 무비판적으로 수용했다는 것이다.

둘째, 창조과학 강연자는 많아도 전문 연구자는 없다는 것이다. 기존의 과학적 공동체와는 분리된 채 문헌 연구에 시간을 들이는 정도라는 것이다.

셋째, 대안적인 과학이론이 없는 분파주의자들이라는 것이다. 창조과학은 복음주의 지성을 우스갯거리로 만들어 버린 주범이라는 것이다.

마지막으로 신학자, 철학자, 역사학자 등을 더 영입하고 연구하지 않는 한, 창조과학이 갖고 있는 창조론에 대한 독점권을 포기해야 한다는 것이다.

기독교가 진화론을 받아들여야 하며, 창조과학이 과학적으로도 신학적으로 잘못되었다는 비판에 대하여, 한국창조과학회는 이에 대해 답변을 하지 않을 수 없었다.

"진화론을 과학적 사실이라고 믿는 그리스도인 형제에게"라는 제목으로 (현)한국창조과학회 회장인 이은일 교수가 당시 반론의 글을 실었다.[02] 반론의 핵심은 진화론이 과학적 사실이 아니라는 점과 과학과 신앙의 조화는 진화론을 받아들이는 데 있지 않고, 하나님의 창조를 인정하는 데 있다는 것이었다. 진화론자들이 주장할 수 있는 진화는 하나님께서 창조하신 종류 내의 다양성일 뿐 실제 진화의 증거는 없으며, 진화가 일어났다는 전제에서의 해석만이 존재하는데, 유신진화론자들은 진화의 증거와 진화의 해석을 구별하지 못하고 있다는 점을 지적했다.

또한, 진화론을 받아들임으로써 과학과 신앙을 조화시키는 것이 아니라, 하나님의 창조를 인정할 때 모든 과학의 주인도 하나님이시고, 인간에게 지혜와 지식을 주신 분도 하나님이심을 알게 되면서 저절로 조화된다는 것을 주장하였다. 성경이 모든 과학지식을 제공하는 것이 아닌 것은 너무나 분명한 것이며, 창조과학도 과학의 한계를 포함하는 제한된 도구라는 점도 지적하였다. 유신진화론자들은 진화론자들이 과학적 지식은 옳은데 그들의 무신론적 태도가 문제가 있다고 하지만, 실제는 진화론자들의 태도가 문제가 아니라 진화론 자체가 무신론적이라는 것을 인정하지 않고 있음을 지적하였다. 주류 과학자들이 인정하는 진화론을 인정하지 않는 것은 기독교 지성을 무시하는 것이라고 주장하지만, 주류 과학자들이 진화론을 인정하는 것은 그것이 사실이기 때문이 아니라 기원에 대한 거대 패러다임이기 때문임을 지적하였다. 관찰할 수도 실험할 수도 없는 기원에 대한 거대 패러다임은 인본주의와 자연주의의 산물인데, 기독교가 이 패러다임을 받아들이는 것은 무신론을 받아들이는 것과 다름이 없다는 점도 지적하였다. 마지막으로 창조과학에 대한 비판은 겸손히 수용해서 학술적인 발전을 할 수 있도록 노력하겠다고 하였다.

이 반론 글에 대하여 "진화론이 과학이 아니라면, 과학은 없다"라는 제목으로 재반론의 글이 실렸다.[03] 반론의 핵심은 진화론에 대하여 엄격한 과학의 기준을 적용할 수 없다는 것이다. 대진화의 증거가 없더라도, 소진화(종류 내 다양성)로 얼마든지 추론할 수 있는 것이 과학이라는 것이었다. 또한, 창조과학은 과학철학적 입장에서 가짜 과학이라는 것이었다.

10여 년 전에 있었던 창조과학과 유신진화론의 논쟁을 지금 소개하는 것은 그 당시의 논리가 지금도 유효하기 때문이다. 당시 유신진화론자에게 던진 질문은 진화론을 과학으로 인정하는 부분과 신학적으로 진화론을 수용하는 것이 타당한지에 대한 것이었다. 이 두 가지 질문 중에 신학적 타당성에 대한 질문은 도리어 지금은 창조과학에 불리한 상황이 되었다. 많은 신학교에서 이미 유신진화론을 인정하고 있는 추세이기 때문이다. 2013년도 장신대 해외석학 초청강좌에서 로버트 러셀 박사는 진화는 하나님이 생명을 창조하는 방식이며, 진화의 과정이 어떻게 하나님의 창조와 조화될 수 있는지를 다음과 같이 주장하였다. 그는 "하나님께서 어떻게 활동하시는지를 설명하거나 활동하신다는 사실에 대한 증명을 시도함이 아니라, 오히려 하나님이 활동하고 계신다는 사실을 전제하고 있다"며 진화는 하나님이 생명을 창조하는 방식이라고 설명하였다. 사실 유신진화론이 신학에서 주류가 되고, 지성적인 것으로 비추어지고 있는 현실에서, 창조과학 운동은 근본주의, 문자주의라는 비판을 받으며 신학적인 오류가 가득 찬 것으로 인식되고 있는 것이 작금의 현실이다.

진화론이 과학적이냐는 질문에 대한 유신진화론자의 답변은 창조과학이 가짜 과학이라는 것이었다. 과학철학 입장에서 가짜 과학은 경험적 문제와 대안적 이론을 무시하고, 많은 임시방편적 가설을 사용하고, 새로운 이론을 개발하는 것이 아니라 정체되어 있다는 것이다. 진화론과 창조과학을 비교하면 진화론이 훨씬 과학적이고, 창조과학은 점성술, 관상 등과 같은 가짜 과학에 속한다는 것이었다. 하나님의 창조를 진리로 선포하는 창조과학은 이런 분류에 의하면 가짜 과학일 수 있다. 왜냐하면 창조는 경험을 초월하는 것이고, 다른 대안이 있을 수 없으며, 새로운 이론이 개발뵐 수도 없기 때문이다. 그러나 창조과학이 임시방편적 가설을 사용하고 있다는 점은 동의할 수 없다. 도리어 너무나 단순한 하나님의 창조를 주장함으로써 모든 것을 포용할 수 있다. 반면 진화론은 과학의 모습을 잘 갖춘 것처럼 보이지만 실상은 그렇지 못하다. 그 이유는 진화의 증거가 없으므로 새로운 이론들이 계속하여 대체되어 등장하기 때문이다. 따라서 오히려 진화론이야말로 임시방편적 가설을 사용한 것으로써 폐기되어야 할 가짜 과학이라고 말할 수 있다.

미국에서의 논쟁

2013년 9월 30일 미국 Southern California Seminary에서 "하나님께서 진화를 이용하셨는가?"라는 세미나가 개최되어, 유신진화론자인 칼 기버슨(Karl Giberson) 박사와 창조과학자인 랜디 글루자(Randy Guliuzza) 박사의 토론회가 열렸다.[04] 칼 기버슨 박사는 유명한 프랜시스 콜린스 박사가 창설한 바이오로고스(Biologos) 소속의 신학자이며, 물리학을 전공한 분이다. 랜디 글루자 박사는 미국 창조과학연구소(Institute for Creation Research) 소속이며, 의학과 공학을 전공하였다. 두 사람의 토론 방식은 매우 인상적이었는데, 각자 45분씩 자신의 논지를 펼치고, 다시 15분씩 반론을 하고, 마지막으로 2분씩 재반론을 하는 형식으로 진행되었다.

유신진화론자인 칼 기버슨 박사는 진화론이 과학적으로 타당한 것은 관찰할 수 있어서가 아니라, 여러 모델 중에서 예측이 가장 정확한 이론이기 때문이라고 주장하였다. 또한, 유신진화론이 신학적 미스터리를 풀 수 있는 더 위대한 것이며 하나님을 높이는 것이라고 주장하였다.

진화론의 예측이 맞다는 것을 주장하기 위해 기버슨 박사는 아인슈타인의 상대성 이론의 예측이 나중에 관찰되었고, 우주의 배경복사 발견으로 빅뱅이론의 예측이 정확히 맞았으며, 암블로세투스 화석으로 중간단계의 생명체가 예측대로 발견되었다고 주장하였다.

또한, 하나님의 직접적인 창조라면 맞춤 디자인이어야 하는데, 생명체들은 맞춤 디자인이 아니라 동일 디자인을 적용하고 변형해서 계속 사용되었기 때문에, 진화의 과정을 사용한 것이 틀림없다고 하였다. 말발굽의 진화를 자연선택의 예로 들기도 하였으며, 침팬지와 사람의 유전자가 유사하고, 고장난 유전자도 공유하고 있으며, 발에 물갈퀴가 있거나 꼬리가 있는 인간도 과거의 유전자가 미처 제거되지 못하고 나타났기 때문이라고 주장하였다. 따라서 진화론을 믿음을 세워주는 친구로 보아야 한다는 것이었다.

과학은 관찰과 연구, 반복만이 아니어서, 실험과학과 역사적 사건을 통한 과학은 구별할 수 없다고 주장하였다. 내가 보고 있는 태양은 8분 전의 태양이며, 모든 물체를 볼 때 시간의 간격이 존재하기 때문에 실험과학과 역사적 사건을 보는 과학은 구별할 수 없다는 것이었다. 그러므로 과거를 연구하는 진화론도 단지 과거로 갈 수 없을 뿐 과학이라고 말하였다. 수많은 과학자가 정직하게 열심히 연구하고 있으며, 그런 과학자들이 진화론이 거짓이라는 것을 알면서도 진화론이 사실이라고 주장하고 있다고 생각할 수 없기 때문에, 과학자들이 인정하는 진화론을 받아들이는 것이 타당하다는 것이었다.

또한, 진화론은 창조론에서 설명하기 어려운 잔혹함이나 식도와 기도가 옆에 붙어 있는 나쁜 디자인 등을 설명할 수 있다고 말하였다. 그리고 하나님의 형상대로 인간이 창조되었다는 것도 진화의 과정을 통해 그런 형상을 얻게 되는 것으로 얼마든지 설명할 수 있으며, 이것은 마치 수정란에서 인간이 되는 것과 비슷한 것이라고 주장하였다. 죄의 문제도 하나의 사건으로 된 것이 아니라 점진적으로 발전한 것이며, 인간이라는 종에서 만개한 것이라고 주장하였고, 아주 어린 아기들은 죄를 지을 수 없지만, 크면서 죄를 짓는 것과 마찬가지라고 하였다.

빅뱅이론은 정밀한 폭발을 의미하며, 모든 원자를 재활용함으로써 우주도 형성되고, 생명이 살 수 있는 물이 풍성한 지구가 만들어지고, 모세의 기적도 나타나며, 예수님의 포도주 기적도 나타난 것이라고 주장하였다(우연히 이루어지는 진화와 하나님의 초월적

기적을 원자라는 물질로 모두 설명하고 있음에 주의할 필요가 있다).

놀라운 진화를 통해 무기물이 생물이 되고, 생명체에 눈이 생기고 귀가 생기는 것 등은 과소평가할 수 없는 자연적 과정이며, 인간의 뇌는 필요보다 많은 일을 할 수 있도록 진화됨으로써 뇌를 통해 인간이 서로 사랑하고, 하나님을 사랑할 수 있는 종교적 존재가 되었다고 주장하였다. 즉 긴 진화과정을 통해 더 큰 사랑을 공급할 능력이 생겼다고 말하였다.

또한, 칼 기버슨 박사는 창세기를 해석할 때 단순하게 해석할 수 없다고 주장하였다. 성경의 원래 언어인 히브리어는 영어로 번역할 때 그 의미를 충분히 담을 수 없으며, 엄청나게 다양한 신학적 해석이 있는데 특정한 해석만을 고집하며 고생할 필요는 없다는 것이었다. 그리고 성경은 고대 이스라엘 사람들의 우주관이 반영된 것이기 때문에 현대과학의 발견을 담기 어렵다고 하였다. 그렇기 때문에 전통 기독교가 수천 년간 은유를 사용한 것을 활용해서 하나님이 주신 말씀의 책과 자연의 책 사이의 갈등을 해결해야 한다고 주장하였다. 이러한 갈등이 생기면 우리의 역할이 있다는 것을 의미하며, 겸손하게 두 권의 책이 소통되도록 해야 한다고 주장하였다.

또한, 진화론자들 중에는 기독교를 없애는 데 특별히 열심인 사람들이 있는데, 반종교적 무신론자들에게 과학과 신앙을 맡길 수 없다고 하였다. 그들은 과학을 철학적 무기로 삼아 기독교 신앙을 무너뜨리려고 하지만, 과학 이상의 것을 주장하는 아마추어 신학자들이고, 유신진화론자들은 과학과 신앙 모두를 지키는 사람들이라고 주장하였다.

이에 대하여 창조과학자인 글루자 박사는 진화론자들의 글을 인용하여 진화론의 예측은 맞은 것이 아니라 계속 틀려온 것이라고 주장하였다. 유명한 진화론자인 굴드 박사의 글을 인용해서 자연의 질서와 좋은 디자인은 진화론의 자연선택과 상충되며, 진화의 동력은 오직 무의식적인 유기체가 자신의 번식을 위해 몸부림치는 것 하나뿐이라는 주장을 소개하였다. 또, 진화론은 철저히 무신론적이며, 예수님의 구원이 필요함을 부정할 뿐만 아니라, 진화론적 해석 자체는 성경의 문맥과 맞지 않음을 강조하였다. 예수님께서도 창세기의 기록을 역사적 사건으로 해석하며 결혼에 대하여 말씀하셨고, 로마서 5장 12절[05]은 한 사람의 죄로 사망이 들어왔다는, 사건에 의한 죄의 기원을 분명히 설명하고 있다는 예를 들어 설명하였다. 그러면서 이 세상의 죄와 참혹함에 대한 가장 바른 설명은 창세기 3장에 있는 것이지, 진화의 과정을 통해 죄가 확대되었다는 주장은 비성경적인 해석임을 지적하였다.

유신진화론자들은 진화론이 과학적이라고 주장하고 있지만, 생명의 기원은 생명이지 무기물이 아니며, 번식의 기원은 이미 그 안에 있는 씨로부터 된 것이라는 것이 성경의 기록일 뿐 아니라 과학적 사실이라고 글루자 박사는 말하였다. 과학은 증거를 따라가야 하는데, 진화론은 증거가 아닌 진화론 자체를 따르고 있음을, 즉 과학적 증거들을 통하여 알지도 못하면서 자연주의적 설명에 의존하고 있음을 지적하였다. 진화론은 혼란스럽고 반직관적인 설명에 매달리고 있으므로, 실제로 나타나는 증거와 진화론의 주장은 모순될 수밖에 없음을 강조하였다.

예를 들어, 진화론은 공통조상이 있다고 주장하지만, 진화론의 생명계통나무는 허구일 뿐, 실제 생명체들은 불연속적으로 나뉘어 있고, 각 종류 내에서만 공통조상이 존재하며, 모든 생명체의 공통조상이 있다는 어떤 증거도 없음을 지적하였다. 다양성이 진화의 증거라고 주장하지만, 35년간 지속된 박테리아에 대한 진화의 실험에서 나타난 것은 5만 세대를 거친 후에도 박테리아는 그대로 같은 박테리아였음을 강조하였다.

수많은 화석들이 진화가 일어나기는커녕 지금과 동일한 형태를 가지고 있다는 것을 보여주고 있으며, 암블로세투스 화석도 진화론적 상상력이 더해져 만들어진 것이지 실제 발견되는 화석은 고래면 고래, 육상동물이면 육상동물의 화석이지, 중간단계의 화석은 발견된 적이 없음을 말하였다. 화석 기록이 불연속적이라는 것은 진화론자들도 인정하는 것이며, 화석은 조상 없이 갑자기 불연속적으로 대규모로 놀랍도록 복잡한 형태로 발견되어 진화의 예측과는 맞지 않음을 지적하였다(그러므로 수많은 생명체가 진화에 의한 것이라기보다는 초월적으로 창조되었으며, 격변으로 매몰되어 화석이 되었다는 것이 더 타당한 과학적 해석이다).

진화론은 증거가 아닌 것을 증거라고 주장하는데, 그 예로 배아의 아가미 흔적이나 꼬리 흔적이 진화의 증거라는 주장은 전혀 근거가 없는 주장으로 발생과정 중 나타나는 형태를 억지로 해석한 것에 불과하다고 지적하였다. 그리고 진화론은 교묘한 말장난을 하고 있다면서, 진화의 생명나무에 맞는 것 같으면 공통조상으로부터 진화되어 생긴 것이라고 주장하고, 진화의 생명나무의 틀에 맞지 않으면 독립적으로 진화되어 같은 형태가 된 것이라고 주장한다는 것을 지적하였다.

예를 들어, 동물들의 맹장을 조사할 때 놀랍게도 여러 종류의 동물들의 맹장에서 공통적인 설계를 발견하였는데, 이런 설계는 진화의 순서에 맞지 않기 때문에 진화론에서는 32번의 독립적 진화를 통해 각각 공통적인 모양이 되었다고 주장함을 말하였다. (진화론에서는 이런 진화를 수렴진화라고 부른다. 즉 다른 설계도를 가진 생명체가 된 것도 진화이고, 다른 생명체가 같은 설계를 갖고 있는 것도 수렴진화에 의한 진화라고 주장한다. 무작위적 유전자 변이가 진화의 핵심인데 진화론자들은 박쥐의 초음파 장치와 고래의 초음파 장치의 유전자 서열이 동일한 것은 수렴진화되었기 때문이라고 설명한다. 수렴진화 대신 다른 설명을 하는 경우도 있는데, 다른 동물들에서 같은 설계가 발견되는 것은 어떤 유전자들이 중요해서 없어지지 않고 오래 보존된 것이기 때문이라고 주장하기도 한다. 예를 들면, 눈을 만드는 혹스 유전자 그룹은 파리, 쥐, 인간, 코끼리 모두 동일한데, 그 이유는 이 유전자들이 진화기간 중에 없어지지 않고 보존되었기 때문이라는 것이다. 그렇다면 왜 이 유전자는 30억 년의 진화 기간에 변화되지 않았을까?)

다른 생명체들에서 같은 설계도가 발견되는 것은 진화론보다는 창조론의 예측이 더 맞는 것을 보여줌을 지적하였다. 즉, 생명체의 공통 설계도는 모든 생명체를 하나님께서 창조하셨음을 보여주는 것이라고 해석하는 것이 더 타당한 것이라고 말하였다. 유신진화론에서는 맞춤 설계가 아니고 공통 설계인 것이 진화의 증거라고 주장하지만, 공통 설계가 억지로 끼워 맞춘 설계라는 어떤 증거도 없음을 지적하였다(생명체의 모든 설계는 생존에 적합한 기가 막힌 설계이다. 그렇기 때문에 생명체의 설계들을 인간들이 모방하는 생체모방공학이 인기를 끌고 있다. 따라서 공통 설계는 진화론의 예측이 아니라 창조론의 예측이 맞다는 증거가 된다. 설계자이신 창조주 하나님께서 공통 설계도를 통해 생명체마다 놀라운 기능을 부여한 것으로 얼마든지 해석할 수 있다).

글루자 박사는 바이오로고스를 세운 프랜시스 콜린스의 잘못된 과학해석을 또한 소개하였다. 콜린스 박사는 게놈프로젝트를 이끈 유명한 생명과학자로서 프로젝트 연구결과 유전자에는 진화의 증거가 뚜렷하다고 주장했고, 성경과 과학의 조화를 주장하는 바이오로고스를 제창하였다. 인간의 유전자에서 발견된 쓰레기 DNA(Junk DNA)는 진화의 오랜 과정을 반영하는 것이라고 콜린스 박사는 해석했지만, 실제로 쓰레기 DNA는 없다는 것이 최근 생명과학자들의 발견임을 지적하였다(기능이 없다고 주장하는 위유전자도 기능이 밝혀지고 있으며, DNA는 이해할 수 없을 정도로 정교한 15조 비트가 넘는 엄청난 정보를 갖고 있다는 것이 밝혀지고 있다. DNA는 진화론의 예측이 아닌 창조론의 예측이 맞다는 것을 보여주고 있다).

또 글루자 박사는 물갈퀴가 있는 발이나 꼬리 달린 아기는 발생 과정에서의 문제로 생기는 것이지 진화하고는 아무런 상관이 없음을 지적하였다(예를 들면 꼬리 달린 아기는 척추분리증으로 척수 부분이 돌출되어 꼬리처럼 보이는 질병인데, 진화론자들은 이를 진화의 증거처럼 주장하여 의학에 무지함을 드러냈다). 식도와 기도가 가깝게 있는 것은 잘못된 설계가 아니며, 우리의 몸에 여러 문제가 생기는 것은 설계의 문제가 아니라 노화의 문제라고 말하였다. 그리고 인간의 뇌가 필요 이상으로 놀라운 기능을 가진 것은 진화의 증거가 될 수 없는데, 그 이유는 만약 진화로 뇌가 발달되었다면 생존 이상으로 발전시킬 필요가 없기 때문임을 지적하였다(도리어 우리의 뇌가 슈퍼 디자인된 것은 인간에게 특별한 능력을 주시기 위한 하나님의 창조섭리라고 해석하는 것이 더 논리적이다).

글루자 박사는 성경의 중요성을 계속 강조하였다. 그는 피조세계와 성경 두 권의 책 중에서 피조세계를 통해 보는 것보다 성경을 통해 보는 것이 더욱 중요하다고 말하였다(이는 성경 없이 진리로 인도될 수 없기 때문이다). 무신론인 진화론을 기독교가 받아들인다는 것은 영적 자살과 같은 것인데, 진화론을 받아들이자는 주장은 이해하기 힘들다고 하였다.

글루자 박사는 기버슨 박사의 과학자들이 신뢰할 만한 사람이라는 주장에 대하여, 과거의 역사를 보면 그렇지 않다는 것을 알수 있다면서 사례를 들어 설명하였다. 예컨대, 1930년대 과학자들은 진화론을 믿고 우등한 유전자를 살려야 하기 때문에 열등한 사람들에 대한 강제 불임수술을 시행할 것을 주장했다. (독일 히틀러 시대의 이야기가 아니라) 미국에서 1931년 31개 주에서 우생학에 의한 강제 불임수술이 합법화되었으며 7만 명 이상이 강제 불임수술을 받았다. 이는 과학자들이 진화론을 받아들임으로써 일어난 일이었다.

시간의 제한 또는 기버슨 박사가 물리학자였다는 점 때문에 글루자 박사가 반론하지 못한 부분은 우주의 배경복사에 대한 것이었다. 빅뱅 이론이 너무나 많은 도약이 있는 소설 같은 이야기라고 비판을 했을 뿐, 구체적인 것은 언급하지 않았다.

기버슨 박사는 우주의 배경복사가 빅뱅이론의 확실한 증거라고 주장하였지만, 우주의 배경복사는 대폭발이론에 심각한 문제를 야기시키고 있다. 만약 대폭발로 우주가 형성되었다면 우주의 배경복사는 균질하지 않고, 서로 다른 부분들이 나타나야 하기 때문이다. 그런데 우주 전체는 매우 균일하며, 이것은 서로 깊은 물리적 상호작용을 했다는 강력한 증거이다. 과학자들 주장처럼 우주가 135억 광년의 거리를 갖는 어마어마한 크기를 갖고 있다면, 이런 거대한 우주의 서로 다른 영역은 물리적으로 완전히 고립되어 아무런 상호작용을 할 수가 없다. 왜냐하면, 특수상대성 이론에 의하면 빛보다 빨리 전달될 수 있는 것은 없으므로 대폭발에 의해 어떤 방향으로 간 물질들이 형성되는 우주는 그 반대 방향으로 나가서 형성되는 우주의 다른 물질과 상호작용할 시간이 없기 때문이다. 그렇다면 우주는 멀리 떨어진 지역 사이에 상당한 불균형을 보여야 하는데, 실제로는 우주 전체가 매우 균일하다. 이 문제를 해결하기 위한 이론들이 존재하지만, 자체적으로도 심각한 비판을 받고 있다.

과학과 진리에 대한 이해

창조론과 유신진화론의 논쟁에서 가장 큰 차이는 진화론을 사실로 받아들이느냐 그렇지 않으냐이다. 유신진화론 진영에서는 진화론이 엄연한 과학의 영역이며, 창조과학은 과학을 무시하는 잘못된 입장을 갖고 있다고 주장한다. 진화론을 신학적으로도 얼마든지 수용할 수 있기 때문에, 진화론을 기독교인들이 거부할 필요가 없다는 것이다. 반면 창조론자들은 과학적 근거가 없는, 무신론에 기반을 둔 진화론을 기독교가 허용하는 것은 성경의 진리를 훼손하는 것이라고 주장한다. 창조론과 유신진화론의 논쟁에서 신학적인 논쟁이 있을 수 있지만, 근본적인 차이는 진화론이 사실이냐 그렇지 않으냐에 대한 것이며, 따라서 창조론과 유신진화론의 논쟁은 창조론과 진화론의 논쟁과 다름이 없다.

유신진화론자들은 무엇이 과학이냐는 질문으로부터 시작하기 때문에 진화론을 받아들여야 한다는 잘못된 결과에 이르게 되었다. 무엇이 과학이냐는 것과 무엇이 진리이냐는 것은 전혀 다른 질문이다. 과학은 인간이 이루어가는 지식체계이기 때문에 제한적이고, 경험적이며 누적적이기 때문에 계속 발전 변화될 수밖에 없다. 성경의 진리를 주장하는 창조과학을 그들이 주장하는 잣대로 가짜 과학이라고 주장하는 것은, 얼핏 생각하면 상당히 논리적인 것 같지만, 이것은 초월적 사건을 처음부터 배제하여야 과학이라고 하는 자연주의 철학의 입장이다. 즉, 과학적으로 검증되지 않는 성경의 진리는 다루면 안 된다는 주장과 다름이 없다. 창조과학을 공격하는 것 같지만, 실제로는 하나님의 초월적 창조를 자연과학적인 방법으로 다뤄야 한다고 주장하는 것이다. 그렇기 때문에 진화론자들이나 유신진화론자들의 입장에는 차이가 없는 것 같다. 단지 다른 점은 유신진화론은 어떻게 진화론을 성경 안에 받아들여야 하는지에 대한 답을 만들기 위해 노력한다는 점이다.

유신론적 진화론자들이 "진화가 하나님의 창조과정"이라고 주장하는 것을 무신론적 진화론자들이 들으면 어떤 반응을 보일까? 진화는 치열한 생존경쟁 속에서 살아남기 위해, 다시 말해 자연 선택되기 위해 진화되었다는 것인데, 기독교의 하나님은 왜 그렇게 잔인한 과정을 통해 생명체가 진화되도록 하였는지를 질문할 것이다. 기독교의 하나님이 사랑의 하나님이라고 하는데, 어떻게 사랑의 하나님이 이렇게 잔인하냐고 물어볼 것이다. 또한, 진화의 과학적 과정만이 관찰되고 하나님은 보이지 않는다면, 왜 굳이 진화론에 하나님이 보이지 않는 주인으로 존재해야만 하는지를 질문할 것이다.

성경의 해석은 다양하므로, 얼마든지 진화론을 받아들일 수 있다고 주장하는 것도 성경 자체보다 인간의 해석을 우위에 두고 있는 것이다. 인간의 생각에서 나올 수 없는 초월적 창조에 대한 성경의 기록을, 그것이 고대인들의 우주관이 반영된 내용이므로, 발전된 과학에 의해 재해석해야 한다고 주장하는 것은 성경의 진리보다 과학을 더 우위에 두는 것이다. 유신진화론 자체가 성경을 하나님의 말씀이 아닌 하나의 고대 책으로 여기는 일반 신학계에서의 입장을 잘 대변하고 있는 것이다.

과학과 신앙의 조화는 과학적 방법론으로 합쳐질 수 있는 것이

아니라, 과학보다 위에 있는 창조진리 안에서 합쳐질 수 있는 것
이다. 모든 피조세계의 질서가 우연히 저절로 된 것이 아니라 설
계자의 지혜를 나타내는 것이고, 과학은 단지 그 질서를 설명할
수 있을 뿐 그 질서의 기원을 밝힐 수 있는 것이 아니다. 과학은
인간의 지혜와 지식으로 이룰 수 있는 영역이고, 창조는 오직 하
나님만이 하실 수 있는 영역이기 때문이다.

* 이 장의 내용은 〈창조〉지 184호에 이은일 교수가 기고한
  특집 원고 중에서 일부를 재편집한 것이다.

주 ───

01 동 제목의 기고 글이 각각 〈복음과 상황〉 1997년 10월호, 11월호, 12월호, 1998년 1월호, 2월호에 실렸다.

02 이은일, "진화론이 과학적 사실이라고 믿는 그리스도인 형제에게", 복음과 상황 1998년 12월호 116-123쪽.

03 장대익, "진화론이 과학이 아니라면 과학은 없다", 복음과 상황 1999년 1월호 140-147쪽.

04 칼 기버슨과 랜디 글루자의 토론회/ SCS Fall 2013 Debate: Did God Use Evolution? http://vimeo.com/77736640 (우리말 번역 http://christianqna.org/bbs/board.php?bo_table=z4_1&wr_id=641).

05 (로마서 5:12) "그러므로 한 사람으로 말미암아 죄가 세상에 들어오고 죄로 말미암아 사망이 들어왔나니 이와 같이 모든 사람이 죄를 지었으므로 사망이 모든 사람에게 이르렀느니라"

Chapter 5

"화학적 진화"의 관점에서 본 유신진화론

김성현

건국대학교 생명공학과 교수, 한국창조과학회 이사

유신진화론은 한마디로 하나님께서 진화의 방식으로 이 세상을 창조하셨다는 주장이다. 이 주장을 하는 사람들은 무신론자가 아니고, 하나님을 믿는 그리스도인들이다. 이들은 하나님이 창조주이심을 믿으며 예수를 주로 고백하지만, 진화를 하나님의 창조 도구라고 이해한다. 다윈이 1859년 『종의 기원』을 출간하기 전까지만 해도 많은 과학자들은 창세기 1장에 나와 있는 대로 하나님이 6일 동안 말씀으로 이 세상을 창조하셨다는 특별 창조(special creation)를 믿었다. 그러나 『종의 기원』 이후로 우주 및 생명의 기원에 관한 이론으로서 진화론이 등장하여 현재는 과학계뿐 아니라, 심지어 신학계까지 지배하는 주요 세계관이 되었다.

진화론은 어떤 지적인 존재도 배제한 채 생명의 기원은 물론 우주의 기원까지 자연적인 과정으로 설명하려 한다. 따라서 진화론은 철저히 무신론적이며 자연주의적이다. 과학이 매우 발달한 현대에 이르러 진화론은 더욱 맹위를 떨치고 있으며, 이제는 하나의 패러다임 또는 세계관이 되어 버려 진화론자들은 이에 반하는 어떠한 증거도 받아들이기를 거부하며 그러한 증거들이 공정하게 평가받을 수 있는 기회조차 박탈하고 있다. 유신진화론은 이러한 배경에서 태어난, 창조론과 진화론을 조화시키려는 시도이다. 즉, 성경의 창조론을 버리지 않으면서도 진화론의 주장을 받아들여 양쪽 다 수용하여 조화시키려는 매개적인 입장을 취하는 이론이다. 언뜻 보기엔 그럴싸하고 매우 합리적으로 보이지만, 창조론자들이나 진화론자 모두에게 외면당하는 이론이다. 우선 진화론자의 입장에서 보면 유신진화론은 결코 받아들일 수 없다. 진화론은 본질상 무신론적이며 물질적, 자연주의적이므로 초자연적이거나 지적인 존재를 가정할 아무 이유도 없기 때문이다.

한편, 창조론자의 입장에서도 이 이론을 받아들일 수 없다. 앞서 기술된 제1장과 제2장에서 이에 관하여 자세히 다루었는데, 간단히 말해 창조의 순서, 성경해석의 문제, 신관에 있어 유신진화론은 커다란 신학적인 문제들을 야기하기 때문이다. 이 글에서는 성경적, 신학적인 관점이 아닌 과학적인 관점에서 유신진화론이 주장하는 바를 살펴보고, 특별히 생명의 기원에 관한 유력한 설명으로 받아들여지고 있는 "화학적 진화"의 관점에서 이 이론을 구체적으로 평가해 보고자 한다. 사실상 유신진화론자들이 주장하는 바는 진화론자들이 주장하는 바와 하등 다를 바 없다. 진화론의 허구성에 관해선 한국창조과학회를 비롯한 여러 나라의 관련 단체에서 수많은 저작물과 세미나, 토론회 등을 통해 구체적으로 다루어 왔다. 다만 유신진화론자들은 진화론자들의 주장에 '하나님'을 포함해 진화가 하나님의 창조 도구라고 주장할 뿐이다.

유신진화론의 주장들

유신진화론자들은 다음과 같이 주장한다.

1) 하나님의 창조 작업이 자연법칙 하에서 이루어졌다

하나님의 창조 작업이 자연법칙 하에서 이루어졌다는 것은 현재 발견한 과학법칙이 하나님이 천지를 창조하셨을 때도 같이 적용되었다는 의미이다. 즉, 하나님께서 창조 작업 시에 동일한 자연법칙을 사용하셨기 때문에 현재의 법칙을 잘 이해하여 과거로 외삽(extrapolation)하면 창조의 순간과 그 이후의 과정도 이해할 수 있다고 가정한다. 예를 들면, 허블이 관측한 별빛의 적색편이 현상으로부터 우주는 현재 팽창하고 있음을 알 수 있고, 시간을 과거로 돌리면 우주의 모든 물질이 한 점으로 수렴하는 순간이 있었으리라 추정할 수 있다는 것이다. 이 물질이 과거 어느 순간에 대폭발, 즉 빅뱅이 일어나 지금의 우주가 이루어졌다고 주장한다. 이에 관한 근거로서 우주의 배경복사가 존재해야 함을 예측할 수 있으며, 이 예측은 펜지아스(A. Penzias)와 윌슨(R. Wilson)이 관측한 우주배경복사와 정확히 일치한다는 사실을 빅뱅에 대한 강력한 증거로 든다. 그들은 더 나아가 빅뱅으로 매우 짧은 시간 내에 소립자들이 합성되었고, 이들이 결합하여 양성자, 중성자, 전자와 같은 입자가 합성되었으며, 이 입자들이 융합하여 수소를 비롯한 헬륨과 무거운 원소들이 만들어졌고, 이후 시간이 지나면서 현재의 우주가 형성되었다고 주장한다. 이러한 이론은 와인버그(S. Weinberg)의 책 『최초의 3분(The First Three Minutes)』으로 인해 대중화되었다.

2) 화학적 진화는 생명탄생에 대한 믿을 만한 이론이다

지구의 나이는 약 46억 년이며, 약 35억 년 전에 생명의 시초인 세포가 탄생했으며, 자연선택과 돌연변이와 같은 메커니즘을 거쳐 현재의 복잡한 생명체가 생겨났다는 진화론자들의 주장을 그대로 받아들인다. 더 나아가 화학진화의 방법으로 약 40억 년 전에 무기물로부터 간단한 유기물이 합성되었고, 이 유기물이 중합반응을 하여 복잡한 유기물이 되고, 이들이 결합하여 막을 형성하고 물질 교환을 하는 원시 형태의 세포가 탄생하여, 결국 생명의 기원이 되는 세포가 만들어졌다고 주장한다.

3) 진화 메커니즘은 신뢰할 만하다

유신진화론자들은 생명진화에 대한 다양한 증거가 있다고 주장한다. 화석 기록과 지층 내의 화석의 복잡성이 증가하는 방향 등이 생명진화를 증거한다고 주장한다. 자연선택과 돌연변이가 진화의 원동력이라고 생각하며, 중간종이 발견되지 않는다는 주장에 대해선 중간종은 존재하며, 심지어 모든 종이 중간종이라고까지 주장한다. 다른 종들 사이에서 발견되는 상동성을 공통 설계의 관점에서 보며, 공통 조상이 있었다는 증거로 본다. 또한, 소위 정크 DNA나 인간에게 있는 꼬리뼈 등을 필요 없는 것으로 간주하며, 자연선택이 완전하게 작용하지 못했기 때문으로 본다.

창조론적 입장

창조론자들은 유신진화론자들의 주장에 대응하여 다음과 같이 주장한다.

1) 하나님은 자연법칙을 만드셨고 모든 법칙을 초월하신다

우주의 기원에 관해서 창조론자들은 하나님께서 태초에 무(無)에서 유(有)를 창조하셨다고 믿는다. 하나님께서는 창조하실 때 자연에 법칙을 심어 놓으시고, 그 법칙에 따라 우주를 운행하시지만, 그 법칙을 초월하신다고 생각한다. 창조론자들은 과학을 반대하는 것이 아니라, 과학은 한계가 있으며 그 적용 범위가 제한되어 있다고 믿는다. 현대 과학이 아무리 발달했어도 분명히 오류가 있고 언젠가 드러날 수 있다는 입장을 취한다. 창조론자들은 관측결과 자체를 부정하지 않으며, 다만 데이터를 해석하는 데 있어 진화론적 해석은 과학을 잘못 적용한 예라고 생각한다. 특히 과학이 기원의 문제에 대한 해답을 줄 수 없다고 생각한다.

2) 화학적 진화는 생명탄생에 대한 매우 부적절한 이론이다

이미 파스퇴르(L. Pasteur)에 의해서 생명은 생명에서만 유래한다는 생명속생설(biogenesis)이 확립되었음에도, 유신진화론자들은 화학적 진화를 사실로 받아들인다. 다양한 생명 현상이 어떤 지적인 설계자가 존재함을 강하게 가리키고 있음에도 그들은 생명체가 무생명체로부터 생겨날 수 있다는 자연주의적인 관점을 취한다. 그들은 이러한 관점을 기원에까지 확장하여 설명하려 하는 것이다.

그러나 창조론에서는 생명의 기원을 설명함에 있어 과학의 한계를 인정한다. 비록 현대과학이 이룬 놀라운 성취와 합리적인 과학 방법론을 인정하지만, 분명히 과학은 한계가 있으며, 특히 기원 문제는 과학이 답을 줄 수 있는 영역을 벗어난다고 생각한다.

이하의 글에서는 화학적 진화의 과정을 현대 과학의 관점에서 살펴보고, 화학적 진화가 생명의 기원이 될 수 없음을 구체적으로 밝히고자 한다.

3) 진화 메커니즘은 과학적으로 신뢰할 만하지 않다

창조론자들은 여러 가지 진화론의 문제점들을 지적하였다. 그중에서 몇 가지를 소개하자면 다음과 같다.

첫째, 창조론자들은 진화론이 관찰과 실험의 영역을 완전히 벗어난 이론이라고 지적한다. 그런데도 진화론자들은 진화론을 생명의 기원 및 다양성에 대한 유일한 과학적인 이론으로 여긴다. 예를 들어, 생명의 기원에 대한 화학적 진화의 증거가 지금까지 단 한 건도 발견되지 않았음에도 불구하고, 진화론자들은 이 이론을 절대로 포기하지 않는다. 이론과 반대되는 결과는 그것이 무엇이든 간에 결코 인정하지 않는다. 또한, 진화론자들은 모든 생명체는 연속적이어서 공통조상을 가진다고 가정하며 계통수를 그리지만, 창조론자들은 모든 종은 근본적으로 불연속적이며 한 종이 다른 종으로 바뀌지는 않는다고 말한다.

사실 지금까지 수많은 실험적 증거들이 진화 메커니즘을 부정하고 있다. 진화론은 증거가 보여주는 범위를 훨씬 넘어 추정함으로써 자신들의 주장을 정당화하려 한다. 예를 들어, 환경에 따라 핀치새의 부리의 모양이 달라지거나, 쥐의 털 색깔이 바뀐다거나 세균이 항생제에 내성이 생기는 현상들을 진화의 증거로 든다. 그러나 이는 아주 극단적인 데이터의 외삽일 뿐이며, 결코 종 간의 변이에 대한 증거가 될 수 없다.

마지막으로, 진화론의 주장은 순환논법에 의존하고 있다. 즉, 진화가 사실임을 주장하기 위해 데이터를 진화론이라는 패러다임을 사용하여 해석한다. 예를 들어, 다른 종들에게서 비슷한 특질을 찾았을 때, 왜 종이 다른데 특질이 비슷한가라는 질문에 대해 그들은 그 종들이 공통조상을 가지고 있기 때문이라고 대답하며, 공통조상의 증거가 무엇이냐고 묻는다면 종들 간에 비슷한 특질이 발견되기 때문이라고 말한다. 진화론의 거의 모든 주장이 이런 순환논법에 의거하고 있다. 이는 명백한 논리적 모순이다.

생명의 기원에 관한 이론 및 화학적 진화론

이제 논의의 폭을 좁혀 생명의 기원 및 화학적 진화를 중심으로 상세히 살펴보고자 한다. 유신진화론자들은 당연히 화학적 진화를 생명의 출발선으로 삼는다. 따라서 생명의 기원에 관해서는 다음과 같은 몇 가지 이론을 고찰하여 보겠다.

1) 자연발생설(Abiogenesis)과 생명속생설(Biogenesis)

생명의 기원을 논의함에 다른 천체에 존재하던 생명의 씨앗이 운석에 실려 지구에 도래하여 생명이 시작되었다는 천체비래설(Cosmozoa theory)이나, 비슷한 이론으로서 온 우주에 생명이 존재하는데 역시 운석이나 소행성, 혜성에 묻어 지구에 유입되어 지구상에 생명이 시작되었다는 포자범재설(Panspermia)은 논외로 한다. 이 이론들은 그 내용이 아무리 정교하다 할지라도 지구 외의 다른 천체에서의 생명의 기원은 무엇인가라는 역시 같은 질문을 야기시키기 때문에, 절대로 생명의 기원을 설명하는 이론이 될 수 없다.

자연발생설은 무생명체에서 생명이 자발적으로 발생한다는 이론이다. 그 기원은 기원전 4세기의 아리스토텔레스까지 거슬러 올라가는데 진흙, 쓰레기, 땀에서 개구리나 곤충, 진드기가 발생하는 현상을 관찰하고, 생명은 자연적으로 발생할 수 있다고 주장하였다. 이 생각은 17세기 반 헬몬트(J. B. van Helmont)의 실험으로 강화되었다. 그는 밀가루와 땀에 젖은 셔츠에 기름과 우유를 적셔 항아리에 넣어 창고에 방치하면 쥐가 생겨남을 관찰하여 이 이론을 주장하였다. 명백히 잘못된 실험이었으므로 곧 부정되었으나, 미생물에 관해서는 자연발생설이 여전히 설득력을 갖고 있었다. 1745년 니담(J. Needham)은 미생물은 자연적으로 발생할 수 있다고 주장하였다. 이후 자연발생설은 차례로 부정되었는데, 레디(F. Redi)는 대조실험을 통해 파리와 같은 날벌레는 자연발생하지 않는다는 것을 증명하였고, 스팔란차니(L. Spallanzani)는 유기물을 멸균하면 미생물의 발생을 억제할 수 있음을 증명하여 자연발생설을 부정하였다. 그러나 이 실험도 반박을 받아 자연발생설을 완전히 부정하지는 못하였다. 단지 공기가 없으면 자연발생이 일어나지 않는다는 것만 증명하였다.

자연발생설이 결정적으로 부정된 것은 파스퇴르의 유명한 백조 목 플라스크 실험을 통해서였다. 그는 유기물 즙을 플라스크에 넣고 플라스크의 목 부분을 가열하여 백조 목처럼 S자로 구부리고 유기물을 가열하여 내부의 미생물을 모두 멸균했다. 이 상태에선 공기는 플라스크 내부로 유입될 수 있다. 그러나 오랜 시간 방치해도 플라스크 내에서 미생물의 증식을 관찰할 수 없었다. 구부러진 백조 목에 외부로부터 유입된 미생물이 갇혀 플라스크 내부로 들어갈 수 없었기 때문이었다. 목을 부러뜨리거나 곧은 목을 가진 플라스크 내부에서는 얼마 후 미생물이 관찰되었다. 파스퇴르는 그의 결론을 라틴어 "Omne vivum ex vivo" 즉, "모든 생명체는 생명으로만 유래한다"라는 말로 정리하였다. 1864년 소르본 대학의 강연에서 "자연발생설은 이 실험으로 치명타를 맞고 결코 회복되지 못할 것입니다"라고 선언하였다. 파스퇴르에 의해 생명속생설은 결정적으로 확립되었다.

생명의 기원에 대한 생명속생설이 확고히 인정되었음에도, 여전히 최초의 생명에 대한 자연발생적인 원인을 찾는 시도는 계속되었다. 그러나 생명속생설은 모든 생명체에 적용되는 것이고 최초의 생명체라고 예외가 아니다. 그렇다면 지금까지 왜 첫 생명체의 출현에 대한 자연발생적인 원인, 즉 화학적 진화에 대한 수많은 연구가 이루어져 왔는가? 이는 다윈과 무관하지 않다. 그는 『종의 기원』에서 몇 가지 가정으로부터 생명의 다양성을 설명할 수 있다고 주장하였다. 즉, "종은 불변이 아니고, 변이를 수반한 유전으로 새로운 종이 나타날 수 있고, 모든 생명체는 공통 조상으로부터 다양한 생명체로 진화하였으며, 무목적적이며 자연적인 과정인 자연선택이 진화의 원동력이다"라고 주장하였다. 그렇다면 최초의 생명체는 어떻게 하여 생겨났느냐는 논리적인 질문이 따르게 된다. 화학적 진화는 바로 무생명체와 생명체를 연결해 주는 연결고리인 셈이며, 다윈에 의해 제시된 생명진화로 자연스럽게 이동시켜 주는 필연적인 논리적 단계이다. 무생명체가 생명체로 변환되는 어떠한 증거나 실험적 관측 자료가 있어서 주장된 이론이 결코 아니다. 무신론적이며 물질주의적인 진화론 패러다임을 채택하면 당연히 그러한 단계를 상정하지 않을 수 없다.

2) 다윈의 경우

그렇다면 이제 논의의 방향은 명확해진다. 진화론자뿐 아니라 유신진화론자들이 믿고 있는 화학적 진화설이 과연 과학적으로 타당한지 현대 과학의 관점에서 살펴보고 판단하면 된다. 주목할 만한 점은 생명진화에 대한 자연선택 메커니즘을 제시한 다윈 자신은 정작 생명의 기원에 대해선 거의 침묵했었다는 사실이다. 『종의 기원』 어느 곳에서도 생명의 기원에 대해 언급하고 있지 않다. 그렇다고 그가 무관심했던 것은 아니다. 1871년 2월 1일자 후커 (J. D. Hooker)에게 보낸 편지에서 다윈은 의미심장한 이야기를 했다.[01] 이 내용은 생명의 기원을 말할 때 거의 항상 언급된다. 그 일부를 옮겨 보면 다음과 같다.

"생명체를 최초로 만들기 위한 모든 조건이 지금 존재하고 있고 과거에도 계속 존재해 왔을 수 있다고 흔히들 말합니다. 그러나 만일 (오! 얼마나 큰 가정입니까) 우리가 온갖 종류의 암모니아나 인산염, 빛, 열, 전기가 존재하는 따뜻한 작은 연못을 상상한다면, (그곳에선) 단백질이 화학적으로 형성되고 훨씬 더 복잡한 변화가 쉽게 일어날 것입니다. 현재에는 그러한 물질은 즉시로 삼켜져 버리거나 흡수되어 버리겠지만, 생명체가 형성되기 전에는 그러하지는 않았을 것입니다."

이 편지에서 다윈은 로우니(Lowne)의 실험(물을 끓여도 어떤 곰팡이는 죽지 않았다는 실험)을 언급하면서, 만일 그렇다면 파스퇴르의 실험(생물속생설)은 어떻게 되느냐며 반문하였다. 이는 이미 파스퇴르가 생명의 자연발생설을 부정하는 결정적인 실험을 하여 (1864) 생명은 생명으로부터만 유래한다는 이론이 기정사실로 받아들여졌기 때문이다. 다윈은 파스퇴르의 생물속생설을 받아들이면서도 최초의 생명체 기원에 관해서만은 자연적인 과정을 따라 발생했으리라 생각하였다. 그는 위의 조건이 만족하는 '따뜻한 작은 연못'이 바로 최초의 생명체가 탄생한 장소였을 것으로 추정하였다.

3) 오파린과 홀데인의 가설

본격적으로 화학진화가 주목을 받게 된 것은 오파린(A. I. Oparin)과 홀데인(J. B. S. Haldane)이 독립적으로 소위 '오파린-홀데인 가설'이라고 하는 생명의 기원에 대한 메커니즘을 제시한 이후부터이다. 그들은 원시지구의 대기는 환원성이며, 만일 번개나 자외선 같은 충분한 에너지가 공급된다면 다양한 유기물이 합성될 것으로 추측하였다. 오파린은 유기물은 여러 단계의 반응을 거쳐 더욱 복잡한 분자가 되고, 이러한 분자들이 모여 '코아세르베이트'라는 콜로이드가 형성된다고 주장하였다. 코아세르베이트는 주위로부터 유기물을 흡수할 수 있고, 동화작용을 한다. 이러한 과정을 거쳐 최초의 생명체인 세포가 생겨났으리라는 메커니즘을 제시하였다. 홀데인의 생각도 비슷하였다. 그는 원시 바다가 빛을 받아 화학작용이 일어나는 장소라고 주장하였다. 원시대기에는 산소가 없었고 이산화탄소, 암모니아가 자외선을 받아 여러 종류의 유기물이 생성되었으리라고 추측하였다. 이러한 바다를 '뜨거운 묽은 수프'라고 불렀으며, 매우 많은 종류의 단순한 유기물과 중합체를 포함한다고 생각하였다. 이러한 유기물, 중합체가 막 구조를 형성하면서 결국 최초의 세포로 발달하였을 것이라고 하였다. 홀데인은 처음으로 '원시 수프(prebiotic soup)'란 용어를 만들었다.

오파린-홀데인 가설은 시카고대학의 대학원생이었던 밀러(S. L. Miller)에 의해 그 가능성이 입증되어 생명의 기원에 대한 유력한 이론으로 자리를 잡게 되었다. 밀러의 실험(또는 밀러-유리 실험)[02]은 생명 탄생의 첫 단계를 입증한 실험으로 간주되어, 현재 모든 고등학교 교과서 및 대학 생물교재에 자세하게 기술되어 있다.

그렇다면 밀러의 실험이 많은 사람이 생각하듯이 생명 탄생에 대한 첫 단계를 증명한 것일까? 과연 이에 대한 과학적인 증거가 얼마나 확고하게 존재하는가? 생명의 탄생은 오랜 과거에 일어났던 사건이므로 현재로서는 그 당시 원시지구의 상황에 대해 정확히 알 수 없다. 그러나 여러 지질학적, 물리적, 화학적, 생물학적 자료로부터 당시의 환경을 추론해 볼 수 있으며, 이에 근거하여 밀러 실험의 적합성 여부를 판단할 수 있다. 만일 밀러의 실험조건이 지구과학을 비롯한 다른 학문으로부터 얻어진 결과와 일치하고, 밀러의 실험결과가 현재 생명체를 구성하고 있는 성분과 같은 물질을 합성했다면 생명의 기원을 설명하는 유력한 이론으로서 마땅히 받아들여야 하겠지만, 실험조건이나 결과가 현재 학계에서 인정하는 내용과 심각하게 다르거나 상충된다면, 밀러 실험은 생명의 기원을 증거하는 실험으로서 커다란 결격사유를 갖게 되므로 진화론자는 물론 유신진화론자의 주장은 근거가 없게 된다.

화학적 진화의 문제점

이제 여러 관점을 통해 화학진화설의 문제점을 살펴보자.

1) 원시대기는 환원성이 아니었다

밀러가 유기물을 합성하기 위해 실험한 전제조건은 오파린에 의해 제안되고 유리가 재강조한 환원성 대기였다. 유리는 원시지구의 대기조성이 성간가스의 조성과 같을 것으로 추정하였다. 밀러는 유기물의 선생체적(pre-biotic) 합성을 증명하기 위해 메탄, 암모니아, 수소와 같은 매우 강한 환원성 기체 혼합물과 수증기를 포함한 혼합기체에 전기방전을 가하여 실험하여 아미노산을 비롯한 여러 종류의 유기물을 얻을 수 있었다. 그러나 홀랜드와 아벨슨(P.H. Abelson)과 같은 지구과학자들은 지구의 원시대기는 성간의 가스로부터 이루어진 것이 아니라, 지구의 화산에서 분출된 기체로부터 이루어졌다는 결론을 내렸다. 화산 분출물은 주로 수증기, 이산화탄소, 질소 그리고 극미량의 수소로 되어 있는데, 과거의 화산이 현대의 화산과 달라야 할 아무런 이유도 그들은 발견하지 못하였다.

수증기가 원시대기의 성분이라면 아마도 약간의 산소도 존재했을 가능성이 있다. 태양에서 오는 자외선은 대기권 상층부에서 수증기를 수소와 산소로 광분해 할 수 있으며, 수소는 우주로 달아나고 산소는 대기권에 남아 있었을 것으로 예상한다. 현재 대기에 존재하는 높은 산소의 비율은 물론 광합성에 의한 것이지만, 광합성이 나타나기 전에라도 자외선에 의한 물의 광분해로 산소가 소량이라도 생성되었을 가능성이 있다. 버크너(L.V. Berkner)와 마샬(L.C. Marshall)이 그 양을 계산했는데, 현재 대기 중의 양의 약 1,000분의 1 또는 그보다 훨씬 낮았을 것으로 추정하였다.

2) 비환원성 조건이나 산소가 존재하는 조건에서는 아미노산이 합성될 수 없다

밀러의 실험조건이 당시의 지질학적 환경과 유사하지 않다는 공감대가 형성됨에 따라 비환원성 조건이나 산소가 존재하는 조건에서도 아미노산이 합성될 수 있다는 주장이 꾸준히 제기되어 왔다. 즉, 메탄이나 암모니아 대신 이산화탄소, 질소, 수증기의 혼합가스에 외부에서 에너지를 가하여 유기물을 합성하려는 시도가 행해졌다. 1977년에 폭스(S.W. Fox)와 도스(K. Dose)는 그러한 혼합물에 전기방전을 하여도 어떠한 아미노산도 생성되지 않았다고 하였다. 1983년에 밀러는 다양한 기체 조성으로부터 아미노산을 합성하려고 시도하였다. 메탄 대신 일산화탄소, 이산화탄소를 반응물로 이용하면 수소가 존재하는 경우, 전기방전으로 가장 단순한 아미노산인 글리신을 합성했다고 보고하였다. 그러나 글리신만이 얻을 수 있는 유일한 아미노산임을 밝히면서, 다양한 아미노산을 생성하려면 메탄이 있어야 함을 인정하였다. 이 밖에도 여러 시도가 있었지만 모두 부정적인 결과를 보여 주었다.

3) 원시지구의 대기가 환원성이라는 것은 화학적 진화를 주장하기 위해 설정한 가정일 뿐이다

위에서 살펴보았듯이 원시대기의 조성이 환원성이라는 가정은 현재로선 그 근거가 매우 희박하며, 오히려 상당량의 산소가 존재했었다는 주장이 설득력이 있다. 밀러 자신이 말하기를, "생물학적으로 관심이 있는 화합물질들의 합성은 환원성 조건에서만 가능하므로 지구의 대기가 환원성이었던 때가 있었을 것으로 믿으며, 약간의 지질학적 및 지구물리학적 증거들이 실제로 그러했을 가능성을 암시하기도 한다. 그러나 결정적인 증거는 하나도 없다"고 하였다. 이 문제를 면밀히 조사한 클레미(Clemmey)는 환원성 원시대기는 도그마라고 지적하면서 다음과 같은 결론을 내렸다.

"과거 50년 이상 동안 상상과 실험이 초기 지구는 비산소성이며 환원성일 가능성이 있다는 생각에 기름을 부었고, 이러한 생각은 생명의 기원에 대한 논의와 결탁하였다. 지질학적 증거는 이러한 생각을 뒷받침하도록 예정되었고, 우아한 모델이 생겨났다. 이러한 모델이 일반적으로 받아들여져서 그러한 생각을 도그마의 수준으로 끌어올렸으며, 지구과학에 관한 사고에 깊이 스며들게 되었다. 그러나 많은 분야에서의 최근의 연구들과 생명의 기원에 대한 새로운 생각들이 비산소성 모델에 심각한 의문을 던져주고 있고, 아마도 그러한 모델의 필요성을 없앨 것이다."

4) 아미노산이 자발적으로 결합하여 필요한 단백질을 합성하는 것은 불가능하다

비록 환원성 대기를 가정하고, 여기에 번개와 같은 에너지가 가해

져 아미노산이 만들어졌다 하더라도, 이들이 자발적으로 결합하여 생물학적 기능성을 갖는 단백질로 합성되는 것은 불가능하다. 아미노산은 정확한 순서로 결합하여야 하고, 이렇게 합성된 단백질들은 세포 내 정확한 위치에 정확한 방향성을 가지고 놓여 있어야 기능을 발휘하기 때문이다. 이러한 과정은 아미노산의 합성보다 훨씬 일어나기 어렵다. 확률적으로도 열역학적으로도 이러한 과정은 거의 불가능하다.

5) 유기물 합성이 생명의 탄생을 의미하는 것은 아니다

전기방전을 비롯한 여러 가지 방식으로 단순한 무기물로부터 유기물을 합성하려는 시도에서 다양한 아미노산과 기타 유기물이 합성되었지만, 몇 가지 물질을 제외하고는 극히 소량이다. 일정 농도 이상이 되어야 다음 단계의 반응이 가능한데, 극히 낮은 농도이기 때문에 농축과 같은 과정이 필요하다. 원시지구 환경에서 매우 강한 자외선은 합성된 대부분의 분자를 파괴했을 것이다. 또한 분자 자체가 열에 취약하거나 일정한 반감기가 있어, 이들이 오랫동안 존재하면서 다음 단계의 반응으로 진행할 가능성이 매우 희박하다. 예를 들어, 100℃에서 핵산의 일종인 아데닌과 구아닌의 반감기는 1년 정도이고, 우라실은 12년, 시토신은 겨우 19일에 불과하다. 설혹 이 염기들이 합성된다 하여도 이러한 짧은 반감기로는 뉴클레오시드나 뉴클레오티드가 합성될 수는 없다.

6) 화학적 합성으로는 손대칭성(chirality) 문제를 해결하지 못한다

생체 내에 쓰이는 분자들은 대부분 특정한 분자대칭성(손대칭성)을 가지고 있다. 즉, 동일한 구조를 가지고 있어도 광학 활성이 다른 두 가지 입체구조가 존재한다. 단백질을 이루는 아미노산은 모두 좌선성(L-형)이며 DNA, RNA를 구성하는 데 사용되는 리보스, 데옥시리보스는 모두 우선성(D-형)을 지니고 있다.

이들 분자는 물리, 화학적 성질이 모두 동일하며, 오직 광학적 성질만 다르므로, 화학반응으로 합성하면 좌선성과 우선성의 분자가 정확히 50%씩 섞인 혼합물(라세미 혼합물)이 생성된다. 원시 대기 성분으로부터 이들 유기화합물이 선생체적으로 합성되는 경우, 역시 D-형과 L-형이 반반씩 섞여 있는 라세미 혼합물이었을 것이다. 만일 라세미 혼합물에서 단백질이나 DNA, RNA가 합성된다면, 두 손대칭성을 가진 분자들이 모두 이용될 것이다. 그러나 존재하는 모든 생체 고분자들은 한 가지 손대칭성만을 가진 단량체로 이루어져 있다. 즉, 100% 광학적으로 순수하다. 단백질의 원료인 아미노산은 대부분 좌선성(L-아미노산)인 반면, 핵산의 구성성분인 오탄당은 모두 우선성(D-리보스)이다. 손대칭성을 지녔다는 사실은 생명체의 중요한 특성이며, 따라서 손대칭성의 기원은 생명의 기원과 불가분의 관계를 지니고 있다. 손대칭성을 처음으로 발견했던 파스퇴르는 라세미 혼합물 중에서 생명물질과 반대되는 물질(D-아미노산, L-오탄당)을 죽은 물질이라고 표현하였다. 이들은 일반적으로 기능이 없거나 독작용을 나타낸다.

손대칭성의 기원에 대해서는 다양한 이론들이 제시되어 왔다. 한 유력한 이론은 외부에서 어떤 물리적 힘이 라세미 혼합물에 작용하여 하나의 손대칭성을 가진 분자만 남게 되었다는 것이다. 우선성, 좌선성이란 것이 원편광된 빛을 어느 방향으로 회전시키느냐에 따른 것이므로, 외부의 물리적 힘으로서 원편광이 된 빛이 유력한 동인으로 주목받았다. 두 광학이성질체는 원편광이 된 빛을 흡수하는 정도가 다르므로, 라세미 혼합물에 이 편광 빛을 조사하면 한쪽의 광학이성질체를 분해하여 광학적 순도를 높일 것으로 예상되었다. 1974년에 카간(H. B. Kagan) 등에 의해서 행해진 실험에서 편광 빛은 하나의 광학이성질체를 다른 이성질체에 비해 좀 더 효율적으로 파괴하였다. 그리하여 20% 정도 광학적으로 순수한 장뇌(camphor)를 얻을 수 있었다. 그러나 이 과정에서 99%의 초기물질이 파괴되었고, 생명현상에 필요한 100%의 순도는 얻어지지 않았다. 35.5%의 광학적 순도에서는 초기물질의 99.99%가 파괴되었다. 따라서 원편광 빛에 의한 비대칭 광분해는 그 차이가 크지 않고, 광학적 순도도 낮아 손대칭성의 기원으로 적합하지 않다. 또 다른 문제점은 주파수(파장)에 따라 광학이성체의 선택성이 달라지기 때문에, 특정한 영역의 파장을 가진 빛만을 사용해야 한다는 점이다. 파장의 범위가 넓으면 비대칭 광분해가 일어나지 않는다.

비교적 최근의 연구로서 베일리(J. Bailey) 등은 오리온자리 성운에서 강한 적외선 원편광을 관측하였다. 그들은 이 빛이 우주에서의 유기물의 비대칭 생성에 관여하였을 것이고, 이 광학활성 분자가 혜성, 우주먼지, 운석 등에 실려 지구로 운반되었을 것으로 추측하였다. 그러나 그들은 유기물의 비대칭 파괴에 필요한 자외선 원편광 빛을 관측하지 못하였고, 성운에서 아미노산이 합성되는 어떠한 증거도 찾지 못하였다.

전 서울대 교수 박인원은 손성(손대칭성)의 기원은 여전히 미스터리라고 인정하며, 그의 책『생명의 기원』에서 다음과 같이 고백하고 있다.[03]

"사실, 손성과 광학활성은 지구와 우주의 생명체(만일 우주의 다른 곳에 생명이 있다면)의 중요한 특성이 될 것이 틀림없다. 모든 생명체는 균일한 손성을 가지고 있으므로, 생명의 기원의 문제와 손성의 기원의 문제는 떼어서 다룰 수 없는 밀접한 관계를 하고 있다. … 손성의 기원의 문제는 생명의 기원에 관한 연구에서 가장 핵심되는 과제이지만, 오늘날의 과학이 아직 해결하지 못하고 있는 신비스러운 수수께끼로 남아 있다."

7) 원시수프가 존재했었다는 지질학적인 증거가 없다

홀데인이 주장한 바 만약 원시수프가 존재했다면 그 흔적이 남아 있어야 한다. 이 지구상 어딘가에 많은 양의 유기질소 혼합물, 아미노산, 퓨린, 피리미딘 등의 여러 화학물질을 함유하는 두꺼운 퇴적물을 발견할 수 있거나, 변성화된 퇴적물들 속에서 막대한 질소 잔류물을 발견할 수 있어야 한다. 그러나 지구상 어디에서도 그러한 물질들을 발견할 수 없다.

8) 열역학적 관점에서 중합반응보다는 가수분해반응이 더 유리하다

원시대기 혹은 원시 수프에서 아미노산, 핵산을 비롯한 다른 분자들이 합성되었다고 하여 생명의 기원이 설명되는 것은 아니다. 이들 분자는 그 자체로서는 기능을 발휘하기 어렵고 중합되어 고분자가 될 때 생체 내에서 기능을 담당한다. 이들 단량체가 중합을 이루는 방식은 모두 물이 제거되는 축합중합이다. 단백질은 아미노산 사이의 축합반응이다. 뉴클레오시드는 오탄당(리보스)과 염기의 축합반응이며, 뉴클레오티드는 뉴클레오시드와 인산의 축합반응으로 생성된다. 이 밖에도 에스테르는 카복실산과 알코올의 축합반응으로 생성된다. 따라서 축합중합 반응이 과연 원시지구에서 자연적으로 일어날 수 있는지 알아보는 것이 매우 중요하다.

중합반응의 평형 위치는 자유에너지를 계산함으로써 알 수 있다. 예를 들어 글리신(glycine) 두 분자가 결합하여 디글리신이 되는 가장 간단한 축합반응의 표준 깁스에너지 변화는 15kJ이며, 이

때의 평형상수는 0.003 정도이다. 따라서 평형이 생성물이 아닌 반응물 쪽으로 치우쳐 있으며, 아미노산의 개수가 증가할수록 평형상수는 급격히 감소하여 실제로 단백질의 합성이 거의 일어나지 않는다. 스트라이어(L. Stryer)는 생화학 교과서에서 이 점을 다음과 같이 기술하였다.

"펩타이드 형성 반응의 평형은 합성이 아니라 가수분해 쪽으로 치우쳐 있다. 그러므로 가수분해반응은 열역학적으로 내리막길(자발적)인 반면, 펩타이드 결합의 생합성은 자유에너지의 유입을 필요로 한다."

9) 밀러의 실험은 인위적으로 고안된 조건에서 수행된 화학합성에 불과하다

자연계에는 정교한 실험장치가 없다. 밀러는 환원성 물질을 유기물로 합성하기 위해 정교한 실험장치를 사용했으며, 고도로 제어된 조건에서 실험을 수행하였다. 그러나 원시지구에 이와 같은 실험조건이 갖춰졌을지 의문이다. 예를 들어, 합성된 유기물을 분리하기 위해 냉각장치와 트랩을 달았는데, 자연계에는 존재하지 않는다. 또한 밀러의 실험에서는 합성물을 밀폐된 용기에 수집했는데, 이러한 밀폐조건은 자연계에는 존재하지 않는다. 밀폐되지 않은 용기에서는 합성물이 산화작용으로 분해된다. 또한 번개와 전기방전 에너지는 근본적으로 다르다. 밀러가 시도한 전기방전과 자연계의 번개는 여러 면에서 서로 다르다. 15만 볼트(3,000℃)의 번개에서는 X선과 감마선 등이 발생한다. 번개에 의해서는 어떠한 유기물도 합성되지 않으며, 오히려 파괴된다. 과거에 번개에 의해 유기물이 합성된 흔적은 어느 지층에서도 발견되지 않는다.

번개는 순간적이며, 불연속적이고, 일부 공간에 국한하여 발생한다. 이에 반해, 밀러가 실시한 전기방전은 6만 볼트이며, 200℃ 미만으로 이러한 온도에서는 유기물이 합성될 수 있다. 전기방전으로 자외선이 발생하지만, 생명을 파괴하는 X선이나 감마선은 발생하지 않는다. 전기방전은 실험 전 공간에서 연속적으로 일어나도록 한 것이었다. 따라서 번개와 전기방전은 여러 면에서 전혀 다르다고 할 수 있다.

결론적으로, 밀러의 실험은 인위적으로 고안된 실험장치를 이용하여 고도로 제어된 실험조건 하에서 수행된 화학합성일 뿐이며, 생명의 기원을 설명하는 것이 아니다.

10) 생명의 자연발생 가능성은 확률론적으로도 불가능하다

유기물에서 원시세포로의 출현은 오파린의 시나리오일 뿐이다. 세포는 원시적일 수 없으며, 원시적인 세포는 생존할 수 없었을 것이다. 노벨 생리의학상 수상자인 모노(J. Monod)[04]는 그 자신이 철저한 진화론자임에도 불구하고 가장 간단한 단세포 생물인 세균에 대해 다음과 같이 기술하였다.

"원시적인 세포의 구조가 어떠한 것인지 우리는 알지 못한다. 가장 단단한 생물인 세균까지도 그 전체적인 화학구조는 다른 생물들과 같다. … 사람과 세균은 유전암호나 번역장치도 기본적으로 동일하다. 따라서 우리가 접해 보는 가장 단순한 세포조차도 결코 원시적이 아니다. 정말로 원시적인 흔적마저 찾아볼 수 없다."

생화학자 가렛(R. H. Garrett)[05]은 적정한 순서를 가진 100개의 아미노산으로 이루어진 단백질 하나를 무작위적인 방법으로 합성하기 위해서는 전 우주의 질량보다 많은 물질이 필요함을 다음과 같은 계산으로 보여주었다. 평균 100개의 아미노산으로 이루어진 단백질을 무작위적인 방법으로 합성할 때, 각 위치에 20개의 아미노산이 위치할 수 있으므로 가짓수는 20^{100}개이다. 이는 대략 10^{130}가지의 가능성을 나타낸다. 아미노산의 평균 분자량을 120으로 하면, 이 단백질은 12,000 dalton의 질량을 가진다. 여기에 10^{130}을 곱하면 질량은 1.2×10^{134} dalton이 된다. 한편 우주의 질량은 대략 10^{80} dalton이므로 하나의 단백질을 무작위적으로 합성하기 위해서는 전 우주의 질량보다 훨씬 큰 질량을 요구한다. 따라서 자연 발생적으로 단백질 하나도 합성할 수 없다.

결론

지금까지 살펴본 바와 같이 생명의 기원에 대한 화학적 진화의 설명은 매우 설득력이 떨어진다. 진화론자들은 진화가 사실이라고 믿으므로, 그 메커니즘에 맞게 상황을 가정하고, 자신들이 원하는 실험 결과가 나올 수 있도록 실험을 고안하고, 얻어진 결과를 진화라는 패러다임으로 해석하려 한다. 필립 존슨(Philip Johnson)[06]은 기원에 관한 창조-진화 논쟁은 본질에서 두 세계관의 싸움이라고 했다. 그에 따르면 데이터의 존재 유무가 문제가 아니라, 어떤 관점으로 기존의 데이터를 해석하느냐의 문제라는 것이다. 하나님의 존재를 인정하는 유신론적인 관점으로 데이터를 해석할 것인지, 아니면 자연주의적인 관점에서 해석할 것인지에 관한 것이다.

그러나 매우 특이하게도 유신진화론자들은 하나님을 믿는다 하면서도 이러한 자연주의적 패러다임을 고스란히 받아들인다. 그러나 이러한 시도는 내부적 모순만 야기할 뿐이다. 기원 문제에 관해서는 과학이 답을 줄 수 없다는 사실을 겸허히 인정해야 할 것이다. 이 시대의 주류 과학사상을 받아들여 기원을 설명하려 할 때, 훗날 과학이 더욱 발달하여 빅뱅이론, 화학적 진화론, 생명의 진화에 관한 모든 내용이 틀렸다는 것이 판명날 경우 그들은 무슨 변명을 할 것인가? 그때 다시 새로운 이론을 채택하여 자신들의 입장을 대변할 것인가? 기시(D. Gish)[07]는 그의 책 『유신진화론자에게 보내는 편지』에서 "진화론은 완전히 그리고 마침내 예수님을 이 땅에서 없애 버렸다. 진화론은 기독교를 아무것도 아닌 것으로 만들었다."라고 밝힌다. 유신진화론자들은 그의 말을 새겨 들어야 할 것이다. 진화론을 신봉하면 자신이 원하지 않더라도 예수님을 없애고 기독교를 아무것도 아닌 것으로 만드는 일에 결국 동참하는 셈이 된다. 진화론에 하나님을 덧입힌다고 하여 문제가 해결되는 것이 결코 아니다.

* 이 내용은 (사)한국창조과학회 계간지 〈창조〉 제 184호에 게재된 글을 재구성하였습니다.

주

01 Darwin, F., ed. (1888), *The Life and Letters of Charles Darwin*, London: John Murray, vol. 3, p. 18. http://www.darwinproject.ac.uk/entry-7471.

02 Miller, S. L., A production of amino acid under possible primitive Earth conditions, *Science* 1953, 117, pp.528-529.

03 박인원, 『생명의 기원』, 서울대학교 출판부, 1996.

04 Monod, J., *Chances and Necessesity*, London, Collins, 1972, p.134.

05 Garrett, R. H. & Grisham, C. M., *Biochemistry*, 4th ed., 2010.

06 Johnson, P., *Reason in the Balance*, IVP, 1995, pp.12-15.

07 Gish, D. T., *Letter to a Theistic Evolutionist*, Icon Publishing, 2012.

Chapter 6

아담은 초월적으로 창조되었는가, 원숭이와 같은 동물에서 진화된 것인가?

이은일

고려대학교 의과대학 교수, 한국창조과학회 회장

20세기 한국 기독교의 신학에서는 일부에서만 진화론을 인정하고 있었다. 그러나 21세기에 들어서는 반대로 유신진화론이 주류가 되고, 하나님의 초월적 창조를 주장하는 신학자들이 소수가 되어 가고 있다. 다양한 성경 해석이 주장되는 가운데 진화론도 받아들일 수 있다는 주장이 공공연하게 이뤄지고 있는 상황에서 어떤 사람이 진정 성경의 진리를 붙잡고 있고, 어떤 사람이 성경보다 과학을 더 신뢰하는 사람인지 분간하기 힘들어지는 시대가 되었다. 사실 성경의 어떤 구절일지라도 완벽하게 그 뜻을 해석하는 것은 불가능하므로 성경 해석은 어느 정도의 다양성을 지닌다. 또한, 복잡하고 어려운 빅뱅이론, 진화론 등 과학적 내용을 통해 유신진화론자들의 주장이 정당한지 아닌지를 판단하는 것은 과학적 훈련을 필요로 하는 매우 어려운 일이기도 하다. 이런 상황에서 교회 내에서 누가 성경의 진리를 따르며 과학적으로 합당한 것을 신뢰하는지, 아니면 진화론을 추종하는지를 알 수 있는 좋은 질문이 있다. 그것은 "초월적 하나님께서 아담을 직접 창조하셨는가? 아니면 원숭이와 같은 동물에서 진화된 것인가?"를 물어보는 것이다. 하나님께서 직접 창조하신 존재라고 답하면 진화론을 거부하는 사람이고, 반대로 진화된 존재라고 답하면 진화론을 수용하면서 교회에 다니는 사람인 것이다.

아담이 진화되어 출현할 수 없는 이유

학교에서 우리 자녀들은 인류의 조상이 "오스트랄로피테쿠스"라고 배운다. 멸종한 원숭이 뼈에 불과한 화석이 인류의 조상으로 둔갑한 것은 과학적 근거가 있어서가 아니라 진화론만이 인류의 시작을 설명할 수 있다고 믿기 때문이다. 진화론에 의하면 오랜 시간을 통해 이런 원숭이의 조상이 진화되어 각각 오랑우탄, 고릴라, 침팬지, 사람 등이 되었다는 것이다. 반면 교회에서는 인류의 시작은 하나님께서 창조하신 아담이라고 배운다. 진화론을 배운 청소년이 목사님께 "인류의 조상 아담이 오스트랄로피테쿠스인가요?"라고 물어보면 우리는 어떻게 대답해야 할까?

아담의 초월적 창조가 성경적이면서 과학적이라는 것을 밝히기 전에 먼저 '진화'라는 용어를 정의할 필요가 있다. 생명과학에서 진화라는 용어는 매우 다양하게 사용된다. 원숭이와 같은 존재에서 사람이 되는 것도 진화라고 하지만, 사람들 사이에 흑인, 백인, 황색인종이 생긴 것도 진화라고 하기 때문이다. 이 글에서 '진화'는 과거에 '대진화'라고 언급했던 용어로서 하나님께서 창조하신 각각의 종류를 뛰어넘는 진화를 말하는 경우에 사용하고, 종류 내에서 다양해지는 경우에는 '다양성'이라는 용어를 사용할 것이다.

원숭이와 같은 존재에서 사람으로 진화되었다는 것은 형태가 완전히 달라진 것이고, 생명체의 DNA 설계도가 달라졌다는 것이다. 우리 모두는 사람과 원숭이를 구분할 수 있다. 아무리 사람이 다양하고, 원숭이가 다양하더라도 사람과 원숭이는 뚜렷한 차이를 보이기 때문이다. 이런 차이는 DNA 설계도에 차이가 있기 때문인데, 이런 설계도는 부모로부터 한 쌍씩 받은 DNA에 의해 구성된 것이다. DNA 유전정보 설계도는 생명체의 형태를 구성할 뿐 아니라, 발생과정에서 그 형태를 만드는 일도 함께 하고 있다.

하나의 세포처럼 보이는 수정란이 계속 분열하면서 수많은 세포가 만들어질 때, 어떤 세포들은 눈이 되고, 코가 되고, 팔다리가 되는 것은 발생과정과 분화라는 놀라운 과정을 통해 이뤄진다. 정확한 순서에 따라 정확한 위치에서 이런 일이 일어나려면 DNA유전정보가 얼마나 복잡하고 정교하게 움직여야 하는지는 능히 짐작할 수 있다. 발생과정에서 일어나는 유전정보의 변화는 너무나 복잡하고 빨라서, 아직 그 과정 전체의 유전자 변화를 과학적으로 밝히지 못하고 있다. DNA 정보는 발생과정에서의 정교하고 엄격한 조절을 담당할 뿐 아니라, 태어난 이후의 모든 과정에서도 유전정보의 움직임은 연구를 하면 할수록 복잡하고 정교하다는 것이 밝혀지고 있다. 이렇게 복잡하고 정교한 유전정보 설계도는 세포 안의 핵 속에 잘 보전되어 있고, 혹시나 일어나는 변화를 잘 수정할 수 있게 되어 있다. 이런 DNA 유전정보가 우연한 과정들을 통해 변화되어 원숭이같은 존재의 설계도가 사람의 설계도가 된다는 것을 믿는 것은 정말 만화와 같은 상상에 불과하다. 진화론에 대한 맹목적인 믿음이 없다면 어떤 과학자도 받아들이지 않을 것이다.

그럼에도 불구하고, 진화론자들은 유전자를 통해서 진화를 알수 있다고 주장한다. 2003년 굿맨 등의 과학자들은 침팬지, 인간, 고릴라, 오랑우탄의 유전정보를 분석한 결과 침팬지는 사람과 유전정보가 99.4%가 동일하고, 고릴라, 오랑우탄보다 인간과 더 가까워서 인간(Homo)으로 분류해야 한다는 주장을 하였다.[01] 그러나 이 주장의 근거를 살펴보면, 진화론적 믿음에 의해 과학적 해석이 얼마나 왜곡될 수 있는지 알 수 있다. 침팬지와 인간의 유전자가 얼마나 가까운지 분석하기 위해 굿맨 교수 등은 인간에게도 존재하고 침팬지에게도 존재하는 같은 유전자 97개를 선택하였다. 침팬지와 인간의 같은 유전자를 분석해서 99.4% 동일하다는 것은 연구하지 않아도 미리 충분히 예측할 수 있는 당연한 결과이다. 형태적으로 침팬지는 사람보다 고릴라나 오랑우탄과 가깝게 보이는데, 유전자로는 침팬지가 고릴라나 오랑우탄보다 사람에 가깝다고 연구결과가 나온 것은 황당하다고밖에 말하지 않을 수 없다. 실제 형태와 유전자 분석 결과가 서로 다른 방향을 보이는 모순된 결과이기 때문이다. 즉, 유전정보의 설계도는 사람과 침팬지가 가깝고, 그 형태는 침팬지가 사람보다는 오랑우탄이나 고릴라에 가깝다고 주장하기 때문이다. 그럼에도 이런 연구결과들이 대중에게 소개될 때는 마치 인간과 침팬지의 유전자 전체를 비교하였는데 99.4%가 같은 것처럼 전달된다. 실제로 이 연구 이후 사람들은 침팬지를 1% 부족한 인간이라고 부르고 있다.

이런 잘못된 해석을 하는 것은 침팬지와 인간은 진화론적으로 매우 가깝다는 것을 기정사실화하기 때문이다. 또한 DNA 유전정보 설계도에 대하여 잘못된 개념을 갖고 있기 때문이다. 많은 과학자들조차도 DNA 유전정보에서 극히 일부를 차지하고 있는 유전자(gene)만이 중요하고, 다른 부분은 중요하지 않은 것처럼 오해를 하고 있다. DNA유전정보는 유전자뿐 아니라 전체가 설계도이며 조절시스템이다. 유전정보시스템에서 유전자란 필수적인 재료와 도구들과 유사하다. 사람과 침팬지가 비슷하다고 하는 것은 마치 비행기와 자동차가 재료와 도구가 비슷하기 때문에 비슷하다고 주장하는 것과 같다. 비행기와 자동차를 만들 때 공통적인 재료와 도구가 있겠지만, 더 중요한 것은 그 재료와 도구를 사용해서 무엇을 만드느냐이다. 아무리 재료와 도구가 비슷해도 설계도에 따라 비행기는 비행기가 되고, 자동차는 자동차가 된다. 사람과 쥐, 사람과 침팬지가 서로 다른 것은 도구인 유전자 때문이 아니라, 유전자를 조절하는 전체 시스템(설계도)이 다르기 때문이다.

아담은 추상적인 존재가 아니라, 실제로 이 세상에 존재하였던 첫 번째 사람이다. 그렇지 않다면 어떻게 이 세상에 사람이 출현할 수 있는가? 모든 사람은 부모로부터 태어났고, 그 부모들을 거슬러 올라가면 한 쌍의 부부를 만날 수밖에 없다. 사람은 사람이 아닌 존재로부터 태어날 수 없기 때문이다. 그 한 쌍의 부부가 바로 아담과 하와라는 것을 우리는 잘 알고 있다. 그런데 놀랍게도 진화론을 믿는 과학자들도 인류는 한 명의 여자[02]와 한 명의 남자[03]로부터 출발한 것이라고 연구결과를 발표하였다. 물론 진화론을 믿는 과학자들은 이들이 성경의 아담과 하와는 아니라고 주장한다.

원숭이와 같은 존재에서 인간으로 진화된 첫 번째 사람들이라고
주장하는 것이다.

그러나 어떤 원숭이 암컷과 수컷이 우연히 진화되어 사람의 유
전자 설계도를 갖게 되고, 이 두 존재가 결혼해서 아기를 낳을 수
있다는 것은 불가능한 일이다. 그런 일이 있으려면,

첫째, 어떤 원숭이들의 설계도가 우연히 오랜 시간에 걸쳐 설계
도가 바뀌는데, 죽지도 않고, 병들지도 않으면서, 무사히 사람의
설계도를 완벽히 갖춘 존재가 되어야 한다.

둘째, 수컷 원숭이는 인간 남자로, 암컷 원숭이는 인간 여자로
각각 정확하게 진화되어야 한다. 그래야 결혼해서 아이를 낳을 수
있을 것이다.

셋째, 수많은 원숭이가 진화되는 과정에서 특별한 두 원숭이는
남자와 여자로 진화되는 시기가 서로 같고, 장소도 가까워서 서로
만날 수 있어야 한다.

이런 진화의 과정을 통해 아담과 하와가 이 세상에 나타났다고
믿는 것보다, 하나님께서 초월적으로 아담과 하와를 창조하셨다
고 믿는 것이 훨씬 지성적이다. 분명한 것은 이 세상의 모든 사람
이 한 쌍의 부부로부터 출발했다는 것은 성경적일 뿐 아니라 과학
적이라는 것이다.

인간이 다양해진 이유

그렇다면 한 쌍의 부부로부터 어떻게 흑인, 백인, 황색인종 등 다양한 인종들이 생긴 것일까? 진화론자들은 햇빛의 세기에 따라 피부색이 진화된 것이라고 주장한다. 햇빛이 강한 곳에서 피부를 보호하기 위해 흑인종이 되었고, 햇빛이 약한 곳으로 이동하면서 검은 피부가 도리어 방해가 되어 흰색 피부가 되었다는 것이다. 그러나 이런 주장은 전혀 과학적 근거가 없다. 첫째, 햇빛에 의한 피부색의 변화는 유전될 수 없다. 둘째, 검은 피부는 햇빛을 받는 데 아무 지장이 없다는 것이 과학적으로 이미 밝혀졌다. 즉, 검은 피부가 흰 피부로 진화될 이유가 없는 것이다.

사람들은 피부색이 사람들을 구분할 수 있는 것처럼 생각하지만, 사실 피부색은 체형, 성격, 취미 등과 같은 인간의 다양성 중의 하나일 뿐이다. 이런 다양성을 결정하는 가장 중요한 요소는 유전자의 조합이다. 아버지의 유전자와 어머니의 유전자가 합쳐지면서 아버지와 어머니와는 다른 새로운 특성들이 나타날 수 있다. 피부색도 이런 유전자 조합에 의해 결정된다.[04] 영국의 한 부부는 쌍둥이를 낳았는데, 한 아기는 완벽한 백인, 다른 아기는 완벽한 흑인이었다. 이는 피부색이 유전적 조합에 의해 결정된다는 것을 잘 보여준 사례이다. 피부색의 다양성은 바벨탑 사건으로 흩어지기 전에 훨씬 다양했을 것이다. 또한, 한 가족 내에서 이 영국인 부부처럼 완전히 다른 피부색을 가진 형제자매들도 많이 태어났을 것이다. 이런 상황에서는 사람들의 피부색의 차이는 차별을 가져오지 않았을 것이고, 다양한 특성 중에 하나로 자연스럽게 받아들여졌을 것이다. 그런데 바벨탑 사건 이후 언어에 따라 여러 지역으로 흩어진 사람들은 유전적 다양성이 작아지면서, 가족들에서 특정 피부색이 주도적으로 나타나게 되었을 것이다

인간의 다양성은 유전적 조합이 가장 중요하지만, 후생유전학적 변화로도 생길 수 있다. 후생유전학적 변화란 환경에 의해 유전자 발현이 달라지는 것을 말한다. 유전자 자체는 변화되지 않지만, 유전자 발현이 달라져 나타나는 형태가 달라지는 것이다. 이런 후생유전학적 변화는 환경에 적응할 수 있도록 창조 때부터 이미 인간에게 주어진 것이다. 즉, 환경에 따라 적응할 수 있도록 하는 중요한 생명체 보호 기전인 것이다. 영양 상태가 좋아지면 키가 더 커지고, 단백질 섭취가 많아지면 체형이 달라진다. 임신 중에 어머니가 오랜 기간 기아상태에 있었으면 태어난 아기는 비만이 되기 쉽다. 진화론자들은 유전적 변화가 전혀 없는 이러한 후생유전적 변화도 진화라고 부른다. 예를 들어, 야생 닭을 가축화해서 키웠을 때 색과 모양이 약간 달라지는데, 달라진 야생 닭과 가축화된 닭 사이에 유전적 차이는 없고 후생유전학적 차이만 있는 것이 밝혀졌는데,[05] 이것도 진화라고 부르는 것이다.

다양성이 생길 수 있는 또 다른 요인은 돌연변이다. 돌연변이는

유전정보를 상실하는 것이다. 진화가 일어날 수 있으려면 유전정보가 변화되어야 하는데, 진화론자들은 돌연변이를 통해 유전정보가 변화되어 진화가 일어나는 것이라고 주장한다. 그러나 돌연변이는 새로운 정보를 만들 수 없고, 기존 정보의 무질서도만 증가시킬 뿐이다. 세대가 지나갈수록 유전정보는 발전되는 것이 아니라 점점 무너져 버린다. 그런데 돌연변이에 의해 생명체가 이롭게 되는 경우도 있다고 진화론자들은 주장한다. 이로운 돌연변이가 있다고 하더라도 해로운 돌연변이가 더 많이 생기기 때문에 의미가 없다. 또한, 이로운 돌연변이라는 것이 상대적으로 이로운 것이지, 그 자체가 이로운 것은 아니다. 예를 들어, 돌연변이에 의해 날개가 없어진 풍뎅이가 바람이 많은 섬에서 살고 있다고 하자. 바람이 많이 부는 섬에서 날아다니다가는 자칫 바람에 날려 바다에 빠지기 쉽다. 그런데 날개가 없는 풍뎅이는 날 수 없기 때문에, 이 섬에서 생존할 가능성이 더 높아지게 된다. 이러한 것을 이로운 돌연변이라고 말할 수는 있지만 상대적인 것에 불과하며, 이런 식의 돌연변이로 풍뎅이가 다른 생명체가 될 수는 없다. 그러나 돌연변이는 유전적 변화를 초래할 수 있는데, 금발이 인류 역사에 출현하게 된 것도 유전자의 돌연변이 때문이다. 반려동물 중의 하나인 강아지도 품종개량을 통해 다양한 강아지들이 태어나는데, 그런 다양성에는 유전자의 조합에 의한 것과 돌연변이에 의한 것이 모두 기여한다. 그러므로 많은 애완견이 돌연변이를 많이 갖고 있어 질병이 많다.

　사실 생명체의 다양성이 일어날 수 있는 것은 창조론이 더 잘 설명해준다. 첫째, 생명체들이 종류대로 창조되었기 때문이다. 직관적으로 봐도 잘 알 수 있는 것처럼 각 생명체는 매우 다양하다. 각각의 종류에 따른 고유한 유전정보 설계도는 다른 설계도로부터 저절로 변화되어 만들어질 수 없으므로, 진화론적 예측은 맞지 않는다. 둘째, 종류 내에서 생육하고 번성하면서 다양해진 것이다. 부모로부터 다양한 자녀들이 태어나듯이 생육하고 번성하면서 생명체가 다양해지는 것은 너무나 당연하지만, 진화론은 품종개량을 진화로 억지로 설명하고 있는 것처럼 유전정보의 조합에 의한 다양성을 애써 무시하고 있다. 셋째는 후생유전학적인 변화에 의한 다양성이다. 후생유전학적 변화는 유전자 자체의 변화는 아니지만, 몇 세대까지는 유전될 수 있다고 연구보고되고 있다. 후생유전학적 변화는 최근에 연구가 활발해지기 시작하였고, 유전자의 변화가 아닌 환경에 의한 유전자 발현의 변화라는 새로운 개념을 제공해 주고 있다. 생명체가 자연환경에 선택되기 위해 진화되는 것이 아니라, 환경에 의해 유전자 발현이 변화되는 능력을 갖고 있다는 것이므로, 역시 창조론의 예측에 더 맞다. 넷째는 돌연변이다. 영화에서 보면 방사성 폐기물 때문에 돌연변이가 생겨 막강한 힘을 가진 괴물이 출현하는 장면들이 나온다. 그러나 진화론적 상상력 때문에 나온 것일 뿐, 실제로 돌연변이가 생긴 생명체들은 불구가 되거나 병이 걸려 있다. 돌연변이에 의해 더 좋은 설계도가 만들어지는 것이 아니라, 설계도가 망가지고 있기 때문이다.

맺음말

생명체가 물질로부터 저절로 생기거나, 한 생명체의 유전정보 설계도가 다른 생명체의 설계도로 변화되는 것은 과학적으로 증명된 적이 없다. 도리어 이런 일은 과학적으로 가능하지 않다는 것이 명백하다. 놀랍도록 복잡하고 정교한 유전정보 설계도는 진화보다는 하나님의 초월적 창조를 믿을 수밖에 없게 만든다. 그런데 왜 기독교인이면서 진화를 과학적 사실로 인정하는 것일까? 유신진화론자들은 진화론이 과학적 사실이기 때문에 받아들일 수밖에 없다고 주장하지만, 사실은 진화론자들과 동일하게 초월적 창조를 믿지 못하기 때문이다. 과학과 이성만으로 설명해야만 정당한 설명인 것처럼 주장하는 것 자체가 하나님의 초월적 창조에 의해 직접 인간이 창조되었다는 성경의 기록을 부인하는 것이다. 하나님께서 흙으로 인간을 창조하신 것은 믿어지지 않고, 진화의 과정을 통해 원숭이와 같은 존재가 인간으로 진화되었다는 것이 믿어진다는 것은 참 이해하기 어렵다. 과학자들은 도리어 진화로 유전정보의 복잡성과 정교함을 설명하기 어렵다고 고백하고 있기 때문이다.

또한, 자신들의 주장을 정당화하기 위해 성경의 해석에 다양성이 있으므로 진화론을 얼마든지 받아들일 수 있다고 주장하는 것은 더욱 슬픈 일이다. 성경의 해석에 다양성은 있지만, 성경이 분명하게 보여 주고 있는 내용을 외면하는 것은 해석의 다양성이 아니라, 창조의 진리를 부정하는 것이다. 하나님께서 초월적 창조를 하지 않으셨다면, 즉 유신진화론자들의 주장처럼 자연과학적인 방법으로 진화를 사용하셔서 모든 것을 만드셨다면, 예수님께서 죽은 자 가운데서 부활하신 것은 어떻게 설명할 수 있는가? 부활을 자연과학적인 방법으로 설명하려고 노력할 것인가, 아니면 부활 자체를 부정할 것인가? 부활을 자연과학적인 방법으로 설명하고자 한다면 왜 그렇게 해야 하는가? 부활이야말로 보이지 않으시는 하나님께서 물질세계에 직접 개입하신 초월적 사건이 아닌가? 하나님의 창조를 분명히 믿을 때 주님의 부활도 재림도 분명해진다.

* 이 내용은 (사)한국창조과학회 계간지 〈창조〉 제184호에 게재된 글을 재구성하였습니다.

주 ————————————————————————————

01 굿맨 교수(1925-2010)는 2002년 인류학 분야의 찰스 다윈 상을 수상하고, 미국
    과학원(National Academy of Science) 회원이 되었다. 굿맨 교수를 비롯한 미
    국 웨인 주립대학의 연구자들(Derek E wildman, Monica Uddin, Guozhen Liu,
    Lawrence I Grossman, Morris Goodman)이 PNAS라는 유명 학술잡지에 인간과
    침팬지의 유전적 차이가 0.6%라고 주장하였다(PNAS 2003, vol 100, no 12, 7181-
    7188).

02 하와이 대학의 Lebecca Cann 등은 "Mitochondrial DNA and human evolution"
    라는 제목으로 1987년 Nature지에 논문을 출간하여, 모든 여성들이 한 여성의 후
    손일 수 있다고 주장하였다(Cann et al., Nature 1987; 325; 1: 31).

03 애리조나 대학의 Michael Hammer 교수는 "A recent common ancestry for
    human Y chromosomes"라는 제목으로 1995년 Nature지에 논문을 출간하여, 모
    든 남성들도 한 남성의 후손일 수 있다고 주장하였다(Hammer, Nature 1995; 378;
    6555: 376).

04 홍콩대학의 Fan 교수 등은 유전자의 개인적인 차이와 인종 간의 차이를 연구하여,
    유전자는 인종 간의 차이를 나타내지 않고 도리어 개인 간의 차이를 보인다고 보
    고하였다(Fan et al., Clinical Chemistry 2009; 55; 4: 774).

05 Nätt D 등은 BMC Genomics라는 과학저널 2012년도 2월호에 "Heritable
    genome-wide variation of gene expression and promoter methylation
    between wild and domesticated chickens"라는 제목으로 논문을 출간하여 야생
    닭과 가축화된 닭의 차이는 유전적인 차이가 아니라 후생유전학적 차이라는 것을
    발표했다(Nätt et al., BMC Genomics 2012; 4; 13: 59).

Chapter 7

정보와 나노기술로 바라본
유신진화론 비판

한윤봉

전북대학교 화학공학부 교수, 한국창조과학회 이사

들어가는 글

위키백과에서는 "창조신이 창조시에 자연계의 생명체에게 진화를 할 수 있는 능력을 부여하여, 지금의 다양한 생명체들이 생겨났다고 보는 기독교 창조론의 하나"라고 '유신진화론(theistic evolution)'을 설명하고 있다. 또한 "유신진화론은, 다른 기독교 창조론과 달리, 다윈으로부터 제시된 진화론을 비롯한 모든 현대 과학의 성과들을 인정하며, 현생인류도 유인원과 인간의 공통조상으로부터 진화되었다고 본다. 또한 근본주의 기독교인들은 진화론을 성서에 어긋나는 반(反)기독교사상으로 잘못 이해하여 부정하고 있으나, 유신진화론은 복음주의계열 신학자들과 기독교 계열 과학자들에게 폭넓게 인정받고 있는 창조이론이다"라고 그 특징을 설명하고 있다. 이 설명으로부터 알 수 있듯이, 복음주의계열 신학자들과 기독교 계열 과학자들 중 일부는 성경보다는 유신진화론을 더 받아들이고 있는 듯하다.

성경(특히, 창세기 1장에서 11장까지)을 기록된 대로 믿지 못하고, 대신에 타협이론인 유신진화론을 믿는 이유는 무엇일까? 그 이유는 '진화론=과학'이란 믿음에 기초하여 현대과학에서 주장하는 내용들을 성경기록보다 더 신뢰하기 때문이다. 그들은 성경을 '과학'이라는 잣대로 해석하면 안 된다고 주장하면서, 오히려 창세기 내용을 진화론과 결합시켜 사실처럼 가르치고 있다. 안타깝게도 타협이론을 믿는 사람들의 공통점은 "창조주 하나님을 믿는다고 하면서도, 성경의 기록보다 진화론에서 주장하는 내용들을 더 신뢰하고 있다"는 것이다.

성경적 창조신앙을 가진 사람들은 전지전능하신 창조주가 있다는 믿음 하에 그분의 지혜와 설계에 의하여 "천지만물이 6일 동안에 완벽하게 창조되었다"는 것을 믿는다. 성경적 창조신앙은 철저하게 신본주의지만, 유신진화론을 비롯한 타협이론들은 진화론을 바탕으로 하고 있는 인본주의와 혼합된 주장을 담고 있기 때문에 비성경적이다. 그러나 어느 쪽이나 다 관찰과 실험을 할 수 없기 때문에 과학으로 다룰 수 있는 범위를 벗어난 것이다. 따라서 성경적 창조신앙이나 비성경적 창조신앙 모두 과학의 문제가 아니라 신앙과 신념의 문제라고 할 수 있다. 이 글에서는 화학공학 전공자의 관점에서 유신진화론의 신앙적인 면과 과학적인 면에서의 모순 및 문제점에 대하여 다루고자 한다.

신앙적 문제점은 무엇인가?

성경에 기록된 대로 6일 창조를 믿는 성경적 창조신앙을 가진 사람들은 성경의 정확무오성을 믿기 때문에 창세기를 기록된 대로 믿는 보수적인 신앙을, 반면에 유신진화론자들은 창세기 내용에 대해 진화론과 타협하는 신앙을 갖고 있다. 타협이론을 지지하는 사람들은 성경적 창조신앙을 가진 사람들을 근본주의자 또는 문자주의자라고 비난한다. 심지어 이 세상이 어떻게 만들어졌건 상관없이 예수님만 잘 믿고 구원받으면 된다고 한다.

1859년에 다윈이 『종의 기원』을 통해서 진화론을 주장한 이후, 진화론은 모든 분야에 엄청난 영향을 미치고 있다. 진화론이 발표된 이후, 창세기의 내용을 기록된 대로 믿지 못하던 신학자들과 기독과학자들은 진화론을 적극적으로 수용하여 진화론과 창조론을 결합시키는 유신진화론을 비롯한 다양한 타협이론을 탄생시켰다. 성경적 창조론과 유신론적 진화론에 대한 논쟁은 비기독교인들에게는 좋은 구경 거리를 제공한다. 오늘날 많은 사람들이 성경적 창조론을 주장하는 기독교인들을 근본주의자 또는 문자주의자, 과학을 모르는 무식한 사이비 과학자들이라고 원색적으로 공격하고 있다.

유신진화론은 창조론과 진화론을 혼합하여 논란이 되고 있는 창세기의 내용(특히, 1장에서 11장까지)들에 대해 진화론적 해석을 부여한다. 안타깝게도 타협이론을 주장하는 사람들은 진화론도 창조론도 제대로 믿지 못하는 '차지도 뜨겁지도 않은' 사람들이다. 그들은 하나님이 창세기 1장에 기록된 대로 6일 동안에 일회적으로 완벽하게 천지만물을 창조하실 수 있는 전지전능하신 창조주이심을 믿지 못한다.

그러면 성경적 6일 창조신앙이 왜 중요한가? 그 이유는 성경적 6일 창조를 믿지 못할 경우, 성경의 정확무오성을 부인하게 되고, 하나님의 전지전능하심을 믿지 못하게 되고, 성경기록보다 진화론을 더 믿는 결과를 초래하기 때문이다. 또한 6일 창조를 믿지 못할 경우 창조, 타락, 구원, 심판에 이르는 기독교 4대 교리를 믿을 수가 없게 된다.

성경적 창조신앙이 없는 유신진화론을 믿는 사람들은 6일 창조를 믿지 못하기 때문에 창세기의 내용들을 비유적 또는 신화적인 기록으로 해석하는 결과를 초래한다. 이러한 현상은 결과적으로 창세기의 내용을 왜곡, 수정하게 되고, 심할 경우 창조사실들을 부정하고, 창조주의 존재마저 부인하게 된다. 그들은 하나님이 6일 동안의 창조사역을 마치시고 일곱째 날에 안식하셨기 때문에 명령하신 안식일 계명(출애굽기 20:8-11)의 근거를 무시한다. 나아가 예수님의 동정녀 탄생, 십자가에서의 죽음과 부활, 그리고 약속된 예수님의 재림을 기록된 대로 믿지 못하는 결과를 초래한다.

과학적 문제점은 무엇인가?

일반적으로 사람들은 "하나님이 천지만물을 창조하셨다"고 말하는 것은 종교적인, 신학적인 견해는 될 수 있지만 과학적인 이론이 될 수 없다고 주장한다. 따라서 사람들은 우주와 생명의 기원 문제를 하나님 없이 과학적으로 설명해 보려는 시도를 끊임없이 하고 있다. 그러나 유신진화론은 하나님을 인정하면서 동시에 진화론을 과학적 사실로 믿는다. 유신진화론 주장이 과학적으로 타당한지를 판단하기 위해서는 먼저 "진화론이 과학적으로 사실인지"를 확인해야 한다. 그런 후에 그들이 주장하는 대로 "하나님이 자연계의 생명체에게 진화할 수 있는 능력을 부여하였기 때문에 지금의 다양한 생명체들이 생겨났는지"를 확인하면 된다.

1) 진화론의 기본 가정, '우연과 생명의 자연 발생'

우리가 학교에서 과학시간에 배우고 있는 진화론의 기본 가정은 '우연'과 '생명의 자연발생'이다. 우연을 전제로 하기 때문에 진화론은 이 세상에 존재하는 것들을 모두 확률론적인 우연의 결과로써 설명하려 한다. 그런데 우리가 간과해서는 안 될 중요한 사실이 있다. 그것은 바로 확률은 확률일 뿐이라는 것이다. 우주에서 일어날 수 있는 모든 경우에 대하여 확률 계산을 할 수 있지만, 그것은 단지 확률일 뿐이다.

우리가 간과해서는 안 될 중요한 사실이 또 있는데, 그것은 어떤 과학자도 우연을 전제로 연구하지 않는다는 사실이다. 우연을 전제로 하게 되면, 어떤 현상의 정확한 원인을 찾기보다는 그것을 우연의 결과로 설명하게 됨으로써 과학적 오류를 범하게 된다. 과학자들은 연구할 때, 반드시 연구목적에 따라 연구방법을 고안하고 설계하여 연구를 진행한다. 원하는 연구 결과들은 실험 조건(온도, 압력, 농도, 시간 등)을 최적화할 때 반복하여 얻을 수 있는 것들이다.

또한 생명이 자연적으로 발생하지 않는다는 사실은 이미 프랑스의 생화학자이며 세균학의 아버지로 불리는 파스퇴르에 의해 밝혀졌다. 그는 1861년에 발표한 "자연발생설 비판"에서, 발효가 미생물의 증식 때문이란 사실을 실험적으로 밝힘으로써, 고깃국에서 미생물이 증식하는 것은 자연발생에 의한 것이라는 종래의 학설이 틀렸음을 과학적으로 입증했다.

이 세상에 존재하는 모든 생명체들은 놀라울 정도로 정밀한 질서체계와 생명의 신비를 갖고 있다. 과연, 진화론이 주장하는 것처럼 생명이 없는 원소들이 우연히 결합하여 자연적으로 고도의 질서체계를 갖춘 생명체로 진화할 수 있을까? 만약 생명의 자연발생설이 사실이라면, 이 세상에는 부모(조상) 없는 후손들이 수없이 많아야 한다. 그러나 그런 일은 결코 일어나지 않는다. 생명은 생명이 있어야만 발생한다는 것이 과학적 사실이다.

이렇게 진화론은 '우연과 생명의 자연발생'이라는 비과학적인 가정에서 출발하였기 때문에 과학적으로 틀린 이론이다. 따라서 그동안 밝혀진 과학적 사실과 법칙들은 진화론이 틀렸음을 보여준다. 창조과정이나 진화과정을 실험을 통해서 확인할 수 없기 때문에 창조론이 맞는지, 진화론이 맞는지를 증명할 수는 없지만, 이미 밝혀진 과학적 사실과 법칙들과 논리를 종합하여 분석함으로써 어느 것이 과학적으로 사실인지는 판단할 수 있다.

진화론에서는 생명이 없는 원소들이 우연히 결합하여 유기분자가 되고, 화학적 진화과정을 거쳐 코아세르베이트가 되고, 원시세포가 발생했으며, 후에 아메바로 진화하였다고 한다. 아메바로부터 6억 년 이상의 연속적인 진화과정, 즉 아메바→무척추동물 →척추동물→양서류→파충류→조류/포유동물→유인원→인간으로 되는 과정을 거쳐서 현존하는 수백만 종의 생명체가 발생하였다고 주장한다. 사실 이런 주장이 맞는지 틀린지를 판단하는데 많은 과학적 지식이 필요 없다.

진화론이 사실이라면, 무척추동물인 지렁이는 척추동물인 물고기로 다 진화되었기 때문에 이 세상에 지렁이는 존재하지 말아야 한다. 그러나 지구상에는 지렁이도 물고기도 함께 존재하고 있다. 또한 진화론이 사실이라면 유인원은 모두 사람으로 진화되었기 때문에 이 세상에 존재하지 않거나, 사람으로 진화해 가는 이상한 형태의 유인원이 세계 도처에서 수없이 발견되어야 한다. 그러나 우리가 발견하는 것은 각각 독립적인 개체로 존재하는 수많은 종류의 유인원과 인간이다. 지렁이가 물고기로 진화하는 모습을, 물고기가 양서류로 진화하는 모습을, 유인원이 사람으로 진화하는 모습을 어디에서도 찾아볼 수 없다. 진화론에서 주장하는 궁색한 변명은 유인원과 사람은 공통조상에서 진화했다는 것이다. 그렇다면 왜 사람만이 유인원보다 더 고등한 존재로 진화했을까?

과학자들은 외계 행성에 생명체가 존재하는지를 확인하기 위하여 우주선을 보내고, 행성에서 물의 유무를 탐사한다. 그 이유는 모든 생명체는 구성 성분의 약 70%가 물이고, 물이 존재하면 생명체가 발생할 수 있다는 진화론적 가정 때문이다. 그러나 이는 단지 가정일 뿐, 과학적으로 불가능한 일이다. 물질이 있고, 충분한 에너지가 오랜 시간 동안 공급된다고 할지라도 생명은 자연적으로 발생하지 않기 때문이다.

21세기 첨단 과학기술을 다 동원하여도 살아 있는 세포 하나 만들 수 없다. 물질이 생명체가 되기 위해서는 생명체 종류마다 독특하고 구별된 생명현상을 나타낼 수 있도록 하는 유전정보가 있어야 한다. 생명체가 갖고 있는 유전정보들은 저절로 우연히 만들어지는 것이 아니다. 어떤 정보도 스스로 존재하거나, 아무리 오랜 시간이 주어질지라도 스스로 만들어지지 않는다는 것이 상식이다. 정보는 정보를 만드는 자가 있어야 존재한다. 창조주의 설계와 지적 개입 없이는 유전정보를 가진 생명체는 만들어지지 않는다. 성경에서는 하나님께서 지구에만 모든 생명체와 인간을 창조하셨음을 분명하게 기록하고 있다.

진화론의 기본 가정인 '우연과 생명의 자연발생'은 과학적으로 틀린 가정이다. 현대 과학기술이 발달하면 할수록 진화론의 허구성과 비과학성이 점점 드러나고 있다. 성경에는 이성적 무지는 사람의 잘못된 생각에서 나온 것이기 때문에 조심하라고 경고하고 있다.

"헛된 말과 거짓 철학에 속아 잘못된 길로 가지 않도록 주의하십시요. 그것들은 모두 사람의 생각에서 비롯되었으며 아무 가치도 없

습니다. 결코 그리스도로부터 나온 것이 아니므로 멀리하시기 바랍
니다."

(쉬운성경 골로새서 2:8)

2) 화학적 진화에 의한 원시세포의 발생

오파린(Oparin)은 1922년 모스크바에서 열린 식물학회에서 원시
지구에서 자연발생적으로 생명체가 탄생할 수 있다고 발표하였으
며, 1936년에 『생명의 기원』을 출판하여 자신의 주장을 상세히
밝혔다. 1952년 시카고대학의 유레이(Harold Urey) 교수는 지구의
원시대기가 목성이나 토성의 대기처럼 산소가 없는 환원성 대기
(메탄, 암모니아, 수소, 수증기)로 이뤄졌다고 가정하였다. 이에 근거
하여, 그의 대학원생인 밀러(Stanley Miller)는 1953년에 관련된 실
험을 하였다. 밀러는 환원성 혼합 기체에 전기방전을 하여 아미노
산(L-형과 D-형의 라세미 혼합물)을 포함하는 유기물을 합성함으로
써 오파린의 가설을 입증한 것으로 발표하였다.

그러나 생명체를 이루고 있는 단백질은 20여 가지의 L-형 아미
노산들이 유전정보에 의해 일정한 순서로 결합하여 만들어진다.
현재도 인위적인 밀러의 실험 장치를 이용하여 라세미 화합물을
포함한 유기물을 만들 수 있지만, 자연 상태에서는 이런 유기물
이 만들어지지 않는다. 더군다나, 자연 상태에서는 단백질 합성
에 필요한 L-형 아미노산만이 선택적으로 라세미 혼합물에서부
터 분리되는 일은 결코 일어나지 않는다. 왜냐하면 자연은 L-형

과 D-형의 아미노산을 선택적으로 분리하는 능력을 가지고 있지 않기 때문이다. 또한 유기화합물은 화학적으로 물과 열과 산소에 약하기 때문에 물에 노출되거나, 열에 노출되거나, 산소에 노출될 경우 쉽게 분해된다. 따라서 물질이 있고, 오랜 시간에 걸쳐 물과 에너지가 충분히 공급된다 할지라도 분해속도가 합성속도보다 훨씬 빠르기 때문에 유기물이 스스로 합성되는 일은 일어나지 않는다.

화학진화론은 밀러의 실험에서처럼 무기물에서 유기화합물이 저절로 만들어지고, 나아가 콜로이드 상태의 단백질, 핵산, 당류 등 고분자화합물이 구형의 막으로 둘러싸여 형성된 작은 액체 방울인 코아세르베이트를 만들 수 있기 때문에 세포막을 가진 원시세포가 자연적으로 탄생할 수 있다고 주장한다.

그러나 코아세르베이트의 막은 모양과 크기가 세포막과 비슷할 뿐, 세포막처럼 생물학적 기능을 하지 않는다.

과학이 발달할수록 생명체의 복잡성과 세포의 놀라운 기능들이 더 많이 밝혀지고 있다. 세포의 기능은 어떤 화학공장도 따라갈 수 없을 정도로 높은 수준의 복잡성과 자동제어(automatic control) 기능과 완벽한 질서와 성능을 가지고 있다. 세포는 결코 화학진화의 방법으로 만들어지지 않는다. 또한 세포의 놀라운 생물학적 기능은 세포핵 안의 염색체에 들어 있는 유전정보에 의해 결정되는데, 중요한 사실은 앞서 언급했듯이 유전정보는 어떤 경우에도 저절로 우연히 만들어지지 않는다는 것이다. 세포의 기능들은 오랜 시간에 걸쳐서 일어나는 화학진화의 결과로 설명할 수 있을 정도로 간단하지가 않다. 세포는 처음부터 세포로서의 완벽한 생화학적 기능을 갖고 있도록 만들어졌기 때문에 생화학적 진화의 가능성은 영 퍼센트(0%)이다.

3) 진화론의 핵심 메커니즘, '변이의 축적과 자연선택'

진화가 어떻게 일어났는가를 설명하는 진화 메커니즘의 핵심주장은 '변이의 축적과 자연선택'이다. 어떤 생명체가 오랜 세대에 걸쳐서 돌연변이가 축적되면 환경에 잘 적응할 뿐만 아니라, 돌연변이 개체가 자연적으로 선택되어서 새로운 종으로 진화한다는 주장이다. 여기서 자연선택이란 병약한 개체는 도태되고(자연도태), 강한 개체만이 살아남아서(적자생존) 새로운 종으로 진화한다는 주장이다.

그러나 '변이의 축적과 자연선택'에 의한 진화가 과학적으로 사실이 되기 위해서는 돌연변이가 축적되면 환경에 잘 적응하는지와 자연선택에 의해서 신종 출현이 가능한지를 확인할 수 있어야 한다. 돌연변이 개체가 환경에 잘 적응하지 못하면, 진화방법으로 새로운 종이 발생할 수 있다는 주장은 거짓이 된다. 만약에 자연선택이 사실이라면, 이 세상은 점점 생명체가 살기에 좋은 세상으로 변해가야 하고, 강한 개체들만이 살아남아야 한다.

모든 생명체의 기본단위는 세포이며, 세포핵 속에는 염색체가 있다. 염색체 안에는 유전정보의 기본 단위인 유전자(gene)가 있으며, 유전자는 단백질을 만들 수 있는 유전정보를 담고 있다. 유전정보를 담고 있는 화학물질을 DNA라 하는데, 염기서열로 표시된다. 1953년에 왓슨(Watson)과 크릭(Crick)은 DNA가 이중 나선 구조임을 밝혀 노벨상을 수상했다. 사다리의 양쪽 끝을 붙잡고 반대방향으로 꼬면 나선이 만들어지는데, 이것이 DNA와 유사한 구조이다. 사다리의 양쪽에는 염기라는 화학물질이 있다. 염기는 아데닌(A), 구아닌(G), 사이토신(C), 티민(T)이라는 네 종류로 되어 있으며, 이들 염기들은 수소결합에 의하여 짝을 이뤄 서로 연결된다. 염기 결합 짝(A-T, G-C)이 맞지 않거나, 결합 순서가 바뀌거나, 염색체의 일부 구간이 중복되면 돌연변이가 생긴다. 돌연변이는 자연적으로는 매우 드물게 일어나지만, 인위적인 방법, 예컨대 전자기파, 자외선, 엑스선, 방사선, 화학물질 등에 의하여 쉽게 일어난다. 돌연변이가 일어나면 그 유전자에 의해 생산되는 단백질에 변화가 생기고, 이는 유전형질의 변화를 불러오게 된다.

진화론자들은 이러한 돌연변이의 축적은 유전자 집단 안에 다양한 유전적 변이를 축적시키게 되며, 이렇게 만들어진 유전적 변이는 자연선택에 의해 진화의 가능성을 주게 된다고 주장하였다.

그러나 생물 종에서 유전자 중복의 발현 정도는 백만 년당 수십 회에서 수백 회 정도로 매우 드물게 일어나는 것으로 알려져 있지만, 심각한 사실은 유전자 중복은 유전성 질환의 원인이 된다는 것이다. 또한 돌연변이는 같은 종 내에서만 일어난다. 돌연변이가 오랜 세대 동안 축적된다 하더라도, 다른 종류의 생명체로 변화하지 않는다. 예를 들면, 초파리에 쪼여 주는 엑스선 양을 조절하면서 몇백 세대에 걸쳐 돌연변이를 시킨다 하더라도, 그 결과는 항상 유전적 결함을 가진 돌연변이 초파리일 뿐이다. 즉, 아무리 오랜 시간이 주어진다 하더라도 돌연변이를 통해서 초파리를 벌로 만들 수 없다. 초파리는 초파리일 뿐이다.

돌연변이는 실험실에서 얼마든지 일으킬 수 있지만, 돌연변이 개체는 정상적인 개체에 비하여 항상 유전적으로 문제를 안고 있다. 따라서 돌연변이는 유전적인 결함 때문에 해로운 방향으로 일어나며, 돌연변이 개체는 주어진 환경에 잘 적응하지 못한다. 우리 주위에는 환경적, 유전적 요인에 의해 발생한 수많은 돌연변이 개체들이 존재한다. 그러나 변이 개체들이 환경에 잘 적응하며 새로운 종으로 변하는 현상은 결코 관찰된 적이 없다. 변이가 축적되면 새로운 종으로 진화할 수 있다는 주장은 희망 사항에 지나지 않는다.

또한 멘델의 유전법칙에 의하면, 부모가 갖고 있는 유전형질은 반드시 후대에 나타나기 때문에 변이가 아무리 축적된다 해도 유전적 특성이 전혀 다른 새로운 종류의 생명체는 나타나지 않는다. 영국의 생물학자 베이트슨(William Bateson)은 "멘델의 실험결과

를 다윈이 보았더라면『종의 기원』이란 책을 내놓지 않았을 것"이
라고 말했다.

그렇다면 다윈이 제기한 '자연선택'은 과학적으로 가능한 것일까?
다윈은 같은 종이라도 다른 격리된 환경에 적응하면서 발생한 변
이 중 생존에 유리한 변이가 살아남고, 이러한 변이가 생존경쟁과
자연선택이 일어나는 과정에서 후대로 전해져서 진화가 일어난
다고 주장하였다.

그런데 앞서 지적한 바와 같이 돌연변이 개체는 정상적인 개체
에 비해 주어진 환경에 잘 적응하지 못한다. 따라서 주어진 환경
에 잘 적응하는 변이 개체를 자연이 선택한다는 주장은 비과학적
이다. 또한 중요한 사실은 자연은 무엇인가를 스스로 선택하고,
더군다나 좋은 방향으로 진행되도록 선택할 수 있는 능력이 전혀
없다는 점이다. 자연은 창조주가 만들어 놓은 과학법칙에 순응할
뿐이며, 그 법칙에 따라 여러 가지 자연현상들이 일어날 뿐이다.
만약 자연선택이 사실이라면, 이 세상은 점점 생명체가 살기에 좋
은 방향으로 발전해야 한다. 이 세상에 존재하는 생명체들은 늘
강건해야 하며, 환경변화에 오히려 잘 적응할 수 있는 종으로 진
화해야 한다. 그러나 현실은 환경이 점점 나빠지는 방향으로 진행
되고 있으며, 변화된 환경에 적응하지 못하여 멸종하는 생명체들
이 많아지고 있다는 점이다. 그러므로 자연선택은 가장 비과학적

인 주장 중의 하나이다.

  따라서 '변이의 축적과 자연선택'에 의하여 진화가 일어난다는 진화론의 핵심주장은 과학적으로 틀린 주장이다. 이런 주장이 맞는다면, 이를 입증하는 과학적 증거가 수도 없이 반복적으로 관찰되고 재현되어야 한다. 그러나 그런 일은 다윈이 『종의 기원』을 발표한 이래 한 번도 관찰된 적이 없다. 이런 문제점을 해결하기 위해 주장되고 있는 이론이 있는데, 바로 리처드 도킨스(Clinton Richard Dawkins)의 『이기적 유전자(Selfish Gene)』이다.

4) 이기적 유전자가 존재할까?

도킨스는 대표적인 진화생물학자 중의 한 사람으로서 대중과학 저술가이다. 그는 무신론자이며, 철저한 인본주의자, 회의주의자, 무신론자들을 지칭하는 브라이트 운동 지지자이기도 하다. 그는 영국의 생물학자 토머스 헉슬리가 자연 선택을 지지하면서 '다윈의 불독'으로 불린 것처럼, 다윈의 주장을 계승한 진화론의 숭배자이다.

  그는 1976년에 발표한 『이기적 유전자(Selfish Gene)』에서 진화의 주체가 인간 개체나 종이 아니라 유전자이며, 인간은 유전자 보존을 위해 맹목적으로 프로그램된 기계에 불과하다고 주장하였다. 유전자가 자연선택의 단위가 되어서 이기적인 방향, 즉 새로운 종이 발생하는 방향으로 변이가 오랜 기간 동안 축적되면 진화가 일어난다는 그의 주장은 극단적 신다윈주의이다. 그의 이기적 유전자론은 생물학적 결정론과 환원주의적 진화론자들에게 크게 환영을 받았다.

또한 1986년에 발표한 『눈먼 시계공(The Blind Watchmaker)』에서는 자연선택과 돌연변이의 무작위적인 변화가 모든 생명체의 복잡성과 다양성을 창조할 수 있다고 주장함으로써 다윈 이후 금세기 최고의 진화생물학자로 각광을 받고 있다. 2006년도에는 『만들어진 신(The God Delusion)』을 통해서 도킨스는 초자연적 창조자가 거의 확실히 존재하지 않으며, 종교적 신앙은 착각에 불과하다고 주장하면서 기독교에 대한 거침없는 비판과 적극적인 무신론을 주장하였다.

도킨스의 책 중에 『이기적 유전자』를 대부분의 대학교가 학생들이 읽어야 할 책으로 추천하고 있다. 이기적 유전자론은 진화론을 믿게 하는 결정적인 역할을 함으로써 오늘날 많은 지식인들과 젊은이들이 창조주 하나님에 대한 신앙을 버리고 교회를 떠나게 하였는데, 여기서 도킨스가 주장하는 이기적 유전자론이 과학적으로 그리고 논리적으로 사실인지를 살펴보자.

그의 주장은 여전히 '변이의 축적과 자연선택'이라는 진화론의 핵심주장을 견지하고 있다. 그러나 앞에서 살펴본 바와 같이, 변이의 축적과 자연선택은 과학적 모순과 문제점을 갖고 있기 때문에 새로운 종(new kind)의 생명체가 발생할 수 없음을 확인할 수 있다. 그렇다면 과연 이기적 유전자는 존재할까? 이기적 유전자가 존재하지 않는다면 그의 주장은 틀린 것이다.

앞서 우리는 도킨스는 유전자가 자연선택의 단위가 되어서 이기적인 방향, 즉 환경에 잘 적응하고 새로운 종이 발생하는 방향으로 변이가 오랜 기간 동안 축적되면 진화가 일어난다고 주장하였으며, 따라서 인간은 유전자 보존을 위해 맹목적으로 프로그램된 기계에 불과하다고 주장했다고 살펴보았다. 그런데 이런 주장은 인간을 기계와 동일시함으로써 인격체로서의 인간을 무시하는 것이다. 유전자는 나선형 구조로 네 개의 염기가 짝(A-T, G-C)을 이뤄 일정한 순서로 반복 배열되어 나타나는 정보에 지나지 않는다. 따라서 정보 자체는 아무런 의지를 가질 수 없다. 코딩된 순서에 따라 정보를 나타낼 뿐이다. 염기 간의 결합이나 순서 등이 잘못되었을 때 생기는 돌연변이는 유전적 결함이기 때문에 그 결과는 항상 해로운 방향으로 진행된다. 유전자의 역할은 부모에게서 받은 유전형질을 다음 세대에 전달하는 것이다. 건강한 유전자는 유전정보를 후손에게 정확하게 충실하게 전달하는 유전자이다. 따라서 유전자는 스스로 무엇인가를 선택할 수 있는 이기적인 능력을 가지면 안 된다. '이기적 유전자'라는 용어 자체가 과학적, 논리적 모순을 갖고 있음을 알 수 있다.

또 한 가지 중요한 사실은 정보는 시간에 따라 전달되면 전달될

수록 변질되고 퇴보된다는 사실이다. 따라서 이기적 유전자론은 시간이 감에 따라 정보를 포함한 무질서가 증가한다는 열역학 제2법칙에 위배되는 주장이기도 하다.

이기적 유전자가 존재한다는 실험적 결과는 아직까지 발표된 적이 없다. 없는 것이 당연하다. 왜냐하면, 어떤 유전자도 이기적인 선택을 할 수 있는 능력이 없기 때문이다.

그렇다면, 이기적 유전자가 존재하지 않음을 어떻게 증명할 수 있을까? 이기적 유전자가 존재하지 않는다는 사실은 이미 역사적으로 증명되었다. 바로 근친 간 결혼이다. 근친 간 결혼인 경우 공동의 조상으로부터 같은 유전인자를 물려받게 되기 때문에 열성 유전질환이 발생할 가능성이 커지게 된다. 따라서 근친 간 결혼이 세대에 걸쳐 계속되면 생존과 번식에 유리한 방향으로 진화되기보다는 오히려 퇴화되고, 세대가 거듭되면 다양한 유전적 질병이 발생하면서 그 가문은 망하게 된다. 만약 이기적 유전자가 존재한다면, 근친 간 결혼을 하면 우성인자가 선택되기 때문에 세대가 거듭될수록 육체적으로 지식적으로 정신적으로 건강한 후손들이 출생해야 할 것이다. 그러나 그런 일은 일어난 적이 없다. 따라서 이기적 유전자는 존재하지 않는다. 나아가 변이의 축적과 자연선택에 의해 새로운 종이 발생한다는 대진화는 일어나지 않는다.

도킨스는 2004년 12월 빌 모이어스(Bill Moyers)와의 인터뷰에서 다음과 같이 말했다. "진화는 이제까지 관측되어 왔다. 단지 그것이 일어나는 순간을 관측하지 못하고 있을 뿐이다. 진화는 진정한 과학자에게 마치 영어단어게임에서 하나하나 스펠링을 불러주는 것만큼이나 마찬가지로 명확하다."

그러나 이런 주장은 진화론에 대한 그의 맹신에서 나온 궤변에 지나지 않는다. 그의 인터뷰는 19세기가 아닌 21세기 첨단과학 시대에 한 것이다. 그의 말대로 진화가 이제까지 관측되어 왔다면, 21세기 과학기술로 진화가 일어나는 순간을 포착하여 관측하는 일은 쉬운 일이다. 그런데 관측하지 못하고 있는 이유에 대한 명백한 대답은 '진화는 일어나지 않았기 때문'이다.

5) 진화혁명 이론 "다윈은 틀렸다, 그러나 진화는 사실이다"는 옳은가?

알란 베넽(Alan Bennett)은 2014년에 『진화 혁명(Evolution Revolution)』이란 책을 출판하여 새로운 개념의 진화론을 주장하였다. "다윈은 틀렸지만, 진화는 사실이며, 진화는 자기조립(self-assembly)이라는 간단한 공정을 통해서 일어난다"는 것이다. 베넽이 주장하는 진화 혁명 이론의 핵심은 자연이 갖고 있는 자기조립 공정이다. 자기조립 공정을 이해하기 위해서는 나노기술에 대한 이해가 먼저 있어야 한다. 이를 바탕으로 진화 혁명 이론의 문제점을 살펴보자.

나노기술은 원자 또는 분자를 조작하여 원하는 것을 만들어내는 기술로서 나노크기의 원자와 분자들을 반복해서 하나씩 정확한 자리에 차례로 배열하고 조립하면 인간이 상상할 수 있는 것들을 무엇이든 만들 수 있다는 기술이다.

그러나 나노기술은 과학자들이 창의적으로 만들어 낸 기술이 아니다. 자연 속에 숨겨진 나노기술의 비밀을 찾아낸 결과를 바탕으로 하는 일종의 자연모방기술이다. 21세기에 과학자들이 발견한 사실은 자연에 존재하는 것들은 모두 원자 또는 분자들이 자기조립하여 각각 독특한 모양의 나노구조를 가지고 있으며, 이에 따라 다양한 특성을 나타낸다는 것이다. 따라서 모든 피조물은 나노기술, 즉 자기조립 공정으로 만들어진 제품이라 해도 과언이 아니다. 예를 들면, 겨울에 처마 끝에 자라는 고드름이다. 수소원자 2개와 산소원자 1개가 결합하여 물 분자(H_2O)가 되고, 물 분자들이 영하 이하의 온도에서 저절로 결합하면서 수직으로 조립하면 고드름이 된다. 나노기술의 또 다른 예는 씨앗이다. 씨앗을 분해하면 탄소(C), 수소(H), 질소(N), 산소(O)와 같은 원자들이다. 분해하면 생명이 없는 물질, 즉 원자들인데 때가 되면 적당한 온도와 습도 조건을 감지하여 싹을 틔우고, 꽃을 피우며, 열매를 맺는다. 어떻게 이런 일이 가능할까? 그 해답은 씨앗 세포 속에 있는 유전정보(DNA)이다. 지구상에 존재하는 모든 생명체들은 고유한 유전정보에 의하여 눈에 보이지 않는 작은 원자들이 결합하여 더 크고 복잡한 조직으로, 일정한 형태를 가지면서 조립되고 성장한다.

나노기술이 가능한 이유는 눈에 보이지 않는 아주 작은 크기의 원자가 갖고 있는 특성 때문이다. 원자 속에도 놀라울 정도로 정교한 패턴과 질서가 있으며, 이에 따라 원자들은 각각 다른 물리적, 화학적 특성을 갖게 된다. 그러기 때문에 과학자들은 원자와 분자를 이용하여 다양한 결합구조와 모양을 가진, 즉 다양한 특성을 가진, 소재들을 만들고 이들 소재를 원료로 사용하여 다양한 종류의 제품들을 만들 수 있다. 그러나 기존의 과학기술들은 물리적인 한계를 가지고 있다. 그 한계로 인하여 에너지 과소비, 환경문제, 품질 불량, 생산성 저하 등 다양한 문제점들을 가지고 있다. 그런 이유 때문에 21세기 첨단 과학기술은 계속되는 인간의 욕구를 충족시키면서 지속가능한 친환경 녹색성장기술 개발을 끊임없이 요구하고 있는 것이다. 21세기 들어서 과학자들이 그런 기술적인 목마름을 해결할 수 있는 방법을 찾았는데, 그것이 바로 나노기술이다. 나노기술을 기존기술에 융합시켜서 원자와 분자 수준에서 기존기술이 가지고 있는 물리적인 한계와 문제점들을 해결하자는 것인데, 그게 바로 융합기술이다. 그런데 놀랍게도 나노기술을 기반으로 하는 융합기술은 자연계에 존재하는 모든 생명체가 이미 가지고 있다. 따라서 나노기술은 창조주께서 이 세상을 창조하실 때 이미 사용하신 기술로서 인간이 새롭게 창조해 낸 기술이 아니다.

베넬은 그의 저서에서 다음과 같이 말했다. "자기조립은 자연이 어떻게 존재하는 지에 대한 새로운 아이디어이다. 자연의 모든 것이 같은 재료로 되어 있다. 새로운 것들을 존재하게 하는 것은 새로운 관계이다. 새로운 것은 새로운 물질로부터가 아니라 기존의 물질을 새로운 방법으로 조직화함으로써 만들어지는데, 이는 자연계의 모든 단계에 적용된다. 자연은 기존 물질(입자들) 간에 새로운 관계를 형성함으로써 점점 복잡해졌다"고 주장했다. 그는 또 "새로운 패턴은 다음 단계의 더 높은 복잡성을 창조하는 플랫폼이다. 따라서 패턴은 정보이다"라고 말했다.

과연 패턴이 복잡성을 스스로 만들면서 정보로 발전할 수 있을까? 원자들이 서로 결합하면서 자기조립하여 어떤 패턴을 만드는 것은 앞에서 설명한 원자가 갖고 있는 화학적 특성 때문에 가능하다. 두 개 이상의 원자 또는 분자가 만나서 화학반응이 일어나려면 반응에 필요한 조건(온도, 압력, 시간 등)이 충족되어야 한다. 반응조건이 충족될 때 원자(분자)들이 화학적으로 결합, 즉 자기조립하여 어떤 패턴을 만들 수 있다. 그렇게 만들어진 패턴이 빌딩 블록이 되어 다양한 패턴으로 발전할 수 있지만, 이마저도 빌딩 블록들이 조립되도록 공정 조건이 충족되어야 한다. 즉, 한 패턴이 스스로 더 높은 수준의 패턴으로 발전하기 위해서는 반드시 외부에서 온도, 압력, 시간 등을 조절하는 지적 개입이 있어야 한다. 따라서 패턴은 스스로 조립되어 다음 단계의 복잡한 패턴으로 스스로 발전하지 않는다.

또한 패턴은 어떤 사물의 형태를 나타내는 것이기 때문에 패턴 간에 서로 대화(cross-talk)를 할 수 없다. 대화가 안 되면 정보전달이 안 된다. 물질이 어떤 패턴으로 만들어지고, 그 패턴이 조립 과정을 거쳐 좀 더 복잡한 패턴이 되는 것은 패턴 간에 대화가 되기 때문에 '스스로 생기는 것'이 아니다. 단순한 패턴이 좀 더 복잡한 패턴으로 발전하기 위해서는 외부에서 단위 패턴들 간에 조립과정이 일어나도록 조건을 충족시켜 줄 때 가능할 뿐이다. 따라서 "패턴이 곧 정보"라는 주장은 과학적으로 논리적으로 틀린 주장이다.

더군다나 생명체는 물질＋정보＋혼(spirit)으로 이뤄진 복합체이다. 물질로써 생명의 기원을 푸는 것은 한계가 있을 수밖에 없다. 생물체의 조직은 자기조립 조건이 충족될 때 유전자 정보에 의하여 원자와 분자들이 유기(C-H)화합물로 결합하고, 유기분자들이 유전정보에 따라 자기조직화(self-organization) 공정을 거쳐서 한 치의 오차도 없이 각 조직으로 성장한다. 물질계에서는 원자 또는 분자들이 화학적으로 자기조립하도록 하여 더 복잡한 구조를 만들 수 있다. 그러나 생명체에서는 유전정보에 따른 화학적 자기조립에 의한 조직 형성 외에도 형성된 조직이 성장하기 위해 필요한 조건들 ―예컨대, 피와 물의 흐름과 자기조립에 필요한 원소들의 공급, 곧 물질과 에너지의 공급―이 충족되어야 한다.

나가는 글

눈에 보이는 것들은 보이기 때문에 존재하는 것일까, 아니면 존재하도록 만들어졌기 때문에 보이는 것일까? 대답하기에 어려운 질문이지만, 이 질문에 대한 대답은 두 가지로 나눌 수 있는데, 진화론과 창조론이다. 우리는 자연에서 일어나는 여러 현상들을 눈으로 관찰할 수 있다. 눈에 보이는 현상들이 "과거에도 현재와 동일한 조건에서 동일한 속도로 일어났다"는 가정, 곧 동일과정설 하에 장구한 시간에 걸쳐 우주와 생명체가 탄생했다는 주장이 바로 진화론이다. 반면에 "눈에 보이는 것들은 보이기 때문에 존재하는 것이 아니라, 창조주가 천지만물을 창조하시고 주관하시기 때문에 존재한다"(히브리서 11:3, 로마서 1:20)라고 믿는 것이 창조론이다. 유신진화론을 비롯한 다양한 타협이론을 주장하는 사람들은 '진화론=과학'이라는 믿음을 가지고 있다. 따라서 그들은 "성경을 과학으로 풀면 안 된다"고 하면서, 그들 스스로는 '진화론=과학'이라는 잣대를 가지고 창세기를 해석하고 이해하려 하는 모순을 범하고 있다.

창조주를 믿지 않는 진화론자들이 주장하는 내용이 창세기의 내용과 같을 수가 없음은 너무나 당연하다. 그럼에도 불구하고 많은 기독교인들이 성경의 기록보다 진화론을 '더 잘 믿고 있다'는 사실에 마음이 너무 아프다. 유신진화론은 이런 잘못된 믿음과 지식에서 비롯된 것이다.

그러나 21세기 첨단과학 시대에 밝혀지는 과학적 사실들은 진화론이 얼마나 거짓된 이론이고 비과학적인 주장인가를 잘 입증하고 있다. 과학법칙과 과학적 사실들은 결코 진화론을 입증하지 않는다. 그 이유는 우주와 생명체는 창조된 것이며, 진화론에서 주장하는 내용은 잘못된 가정에서 출발된 맹목적인 신념이기 때문이다. 성경책은 과학책이 아니기 때문에 과학적으로 기술되어 있지 않지만, 창세기에 기록된 내용들은 과학법칙과 과학적 발견들과 잘 일치한다. 진화론을 바탕으로 하는 현대 과학으로 설명할 수 없는 것들이 오히려 창조주를 인정할 때 더욱 명쾌하게 설명될 수 있다. 전지전능하신 창조주 하나님이 천지만물을 창조하실 때, 처음부터 완벽하게 가장 성숙한 상태로, 최고의 아름다움과 질서를 갖도록 창조하셨고, 과학법칙들을 만드셨기 때문이다.

맺는글

진화론을 둘러싼 과학과 신앙

이은일

고려대학교 의과대학 교수, 한국창조과학회 회장

과학은 하나님께서 창조하신 질서를 연구하는 것이고, 신앙은 모든 질서를 창조하신 하나님을 믿는 것이므로, 서로 충돌할 것도 갈등할 것도 없다. 창조과학 사역을 하고 있는 과학자로서 필자가 수행하는 과학적인 연구와 창조주 하나님에 대한 신앙은 전혀 갈등을 일으키지 않는다. 도리어 신앙은 과학연구의 한계를 알게 하여 주어, 과학자인 나 자신을 겸손하게 만들어주고, 또한 과학을 통해 창조주 하나님의 신성과 능력을 드러낼 수 있기에 과학연구를 하는 목적을 분명하게 해준다.

그러나 많은 사람들은 과학과 신앙 사이에 큰 갈등을 느끼고 있다. 그 이유는 말할 것도 없이 지금까지 살펴본 진화론 때문이다. 하나님의 창조 대신에 저절로 우연히 모든 만물이 이뤄지고, 생명체도 진화되었다는 주장은 성경에 기록된 하나님의 창조와는 조화를 이루지 못하기 때문이다.

진화론은 과학적 이론이라고 주장하지만, 진화론이 사실이라면 성경에 기록된 창조는 거짓이 될 수밖에 없다. 따라서 진화론은 과학적 이론이면서 동시에 매우 종교적이다. 기독교의 진리를 부정한다는 측면에서도 종교적이지만, 그 자체가 실험적 과학이 아닌 믿음의 과학이기 때문이다. 어떻게 생명체가 출현하였는지, 인간이 어떻게 이 세상에서 존재하게 되었는지는 관찰된 적도 없고 실험된 적도 없다. 그런데 진화론자들은 모든 것이 물질로부터 출발했다는 자연주의적 믿음만이 과학적이라고 주장한다. 사실 모든 것이 물질로부터 저절로 우연히 된 것이라는 진화론은 하나님의 초월적 창조를 대신하여 물질이 모든 것의 시작이라는 믿음이다.

하나님을 믿지 않는 사람들이 창조주 하나님을 대신할 수 있는 이론을 만들고 그것만이 과학적이라고 주장하는 것은 충분히 이해할 수 있다. 인류의 역사 가운데 하나님을 대신할 다른 것을 만드는 일은 항상 있었던 일이기 때문이다. 하나님의 창조는 인간의 이성과 과학을 초월하는 것이기 때문에 믿음 없이 창조를 받아들이기는 어렵다. 물론 하나님의 존재를 잘 모르는 사람들도 이 세상이 저절로 만들어진 것이 아니라 어떤 초월적 존재가 있을 수밖에 없다는 것을 인정한 경우는 많다. 그러나 중세 이후 인본주의가 강해지면서, 초월적인 모든 것을 부정하고 보이는 물질로만 모든 것을 설명해야 한다는 자연주의가 대세가 되었고, 그 결과 신앙 자체가 이성적이 아닌 것처럼 인식하게 되었다. 따라서 창조주 하나님은 더 이상 물질세계를 이해하는 전제가 될 수 없게 되었고, 19세기 진화론은 자연주의가 과학의 대세가 되는 데 크게 기여하였다. 자연주의와 진화론은 과학이라는 이름으로 하나님의 창조주 되심을 거부하고 있으며, 하나님의 창조는 마치 과학적 오류인 것처럼 주장하고 있다.

세상의 모든 공교육 교과서에서 진화론이 과학적 사실처럼 기술되어 있는 시대에 진화론이 아무런 과학적 증거를 가지지 못하고 있다는 사실은 도리어 믿기 힘들 정도이다. 그러나 교과서에서 있는 진화의 증거라는 것은 조작된 것(헤켈의 배아발생도 등)이거나, 진화가 일어났다는 전제하에서의 해석(시조새 및 말의 화석 등)일 뿐이다. 교과서에서는 화석이 진화의 증거인 것처럼 주장하지만, 진화론자들은 화석에서 생명체가 점진적으로 진화되었다는 증거를 찾아내어 진화를 설명하기보다는 생명체의 다양성이 진화의 증거인 것처럼 주장한다. 그러나 생명체가 다양하다는 것과 진화에 의해 한 생명체가 다른 종류의 생명체의 설계도를 가질 수 있다는 것은 전혀 다른 것이다. 사실 이 시대가 인본주의와 자연주의 세계관이 지배하고 있는 시대라는 것을 기억한다면 생명과 우주의 기원을 물질로부터 찾고자 하는 것은 당연해 보이며, 그 결과 초월적 창조의 가능성은 처음부터 배제할 수밖에 없다.

진화론은 그 자체가 무신론적이고, 물질적인 것임에도 불구하고, 기독교가 진화론을 수용해야 한다는 주장이 거세지고 있다. 이런 주장을 취한 것이 유신진화론이다. 유신진화론 주장의 핵심은 하나님의 창조가 진화의 과정을 통해 이뤄졌다는 것이다. 이런 주장의 배경은 진화론이 과학적으로 타당하며 성경은 진화를 이해할 때 더 잘 이해할 수 있다고 주장하는 데 있다. 그렇기 때문에 유신진화론은 과학과 신앙의 갈등을 해결하는 더 이성적이고 바람직한 이론이라고 주장한다. 유신진화론자들 중에는 하나님의 초월적 창조를 주장하는 창조과학은 젊은 지성인들이 교회를 떠나게 하는 잘못된 것이라고 주장하기도 한다. 결국, 창조과학자의 주장이 옳은지, 유신진화론자의 주장이 옳은지를 판단할 수 있는 가장 중요한 열쇠는 진화론이 타당한지 그렇지 않은지에 달려 있다.

  유신진화론자들은 소수의 창조과학자들이 진화론이 아무런 증거가 없다는 주장은 다수의 과학자들이 받아들이지 않고 있으며,

창조과학자들은 자신들의 주장을 뒷받침할 수 있는 논문도 내지 못하고 있음을 비판한다. 또한 진화론은 완벽하게 증명할 수 있는 것은 아니지만 충분히 타당한 추론과 예측이 가능한 과학이며 대표적인 예로 빅뱅이론을 든다. 뿐만 아니라 진지하게 양심적으로 과학적 연구를 하는 수많은 과학자들이 거짓을 주장하고 있다고 생각할 수 없기 때문에 진화론을 받아들이는 것이 이성적이며 논리적인 것이라고 주장한다.

유신진화론자들은 진화론이 근본적으로 초월적인 하나님의 창조를 대신하는 인본주의적이고 자연주의적인 이론이라는 것을 애써 외면한다. 하나님의 초월적 창조는 자연주의적인 방법론만이 과학이라고 주장하는 과학계에서 받아들여질 수 없기 때문에 논문이 없다는 것도 당연하다. 초월적 하나님을 주장하지 않는 지적설계 논문도 과학이 될 수 없다고 주장하고, 그런 논문을 게재한 편집장을 내쫓고, 대학에서 지적설계를 강의한 교수가 내쫓기는 것이 과학계의 현실이라는 것을 유신진화론자들은 외면하는 것 같다.

사실 누구도 현재의 질서가 형성되기 이전에 어떤 과정이 있었는지는 아무도 알 수 없다. 진화론자들이 자랑스럽게 인용하는 빅뱅이론조차도 빅뱅이 일어난 초기물질의 기원도, 그 초기물질이 어떻게 빛보다 빠른 속도로 공간이 확대되면서 우주가 형성되는지도 설명하지 못한다. 물질로부터 유기물이 형성되어 생명체가 탄생했다는 화학진화 이론이나, 생명체의 유전자가 변하여 다른 생명체의 설계도가 형성될 수 있는 생명진화의 이론은 과학적으로 납득할 만한 근거가 전혀 없다. 과학자들이 진화론을 인정하는 것은 진화론이 과학적이기 때문이 아니라, 하나님의 창조를 믿을 수 없기 때문이다. 다수의 과학자들이 인정하는 이론이기 때문에 그리스도인들도 진화론을 인정해야 한다는 주장을 다르게 표현하면 다수의 과학자들이 창조주 하나님을 믿지 못하기 때문에 그리스도인들도 창조주 하나님의 초월적 창조를 믿지 말아야 한다는 것이다. 초월적 하나님의 창조는 믿기 어렵고, 진화론적 과정을 통해 하나님이 창조하셨다는 것이 믿을 만하다는 주장은 자연주의적 과정을 하나님으로 부르는 것에 불과하다. 진화론자들이 자연주의적 과정을 진화라고 부르듯이.

그럼에도 불구하고 유신진화론을 지지하는 교회들이 늘어가고 있는 것 같다. 창조과학은 구시대적인 문자주의에 사로잡힌 근본주의로 몰면서 진화론을 받아들이는 것이 기독교의 참된 지성이라는 주장이 설득력을 갖는 것 같다. 유신진화론자들은 자신들이 창조과학보다 우월한 과학적 위치에 있음을 주장하기 위해 '진화'라는 용어를 멋대로 사용한다. 창조과학에서 비판하는 진화는 기원에 대한 것이다. 현재 생명체들을 관찰하면 하나님께서 종류대로 생명체를 창조하셨다는 성경의 기록이 저절로 우연히 진화되었다는 이론보다 훨씬 과학적이다. 하지만 유신진화론자들은 '진화'를 기원에만 적용하지 않고 환경과 생명체의 상호반응이라는 광범위한 범위로 확대하고, 종류대로 창조된 생명체 내의 다양성을 진화의 증거인 것처럼 주장한다. 창조과학을 자신들이 정의한 '진화', 즉 생명체의 다양성과 환경과 생명체의 반응들을 무시하는 무식한 광신주의자로 묘사한다. 유신진화론자들은 창조과학자들이 전문성이 없으며, 자신의 전공이 아닌 다른 전공분야를 기웃거리며 비전문가적 주장을 남발하는 집단으로 묘사한다. 그러나 실재로 유신진화론자들 자체가 생명과학 분야의 문외한들이다. 진화론자들이 주장하는 정보를 무비판적으로 받아들이면서 창조과학을 공격하고 있을 뿐이다.

유신진화론은 진화론보다 더 큰 나쁜 영향을 교회에 주고 있다. 그것은 하나님이 어떤 존재인지에 대하여 엄청난 왜곡을 하고 있기 때문이다. 유신진화론은 치열한 생존경쟁에서 환경에 맞춰 진화된 존재만이 살아남는다는 진화의 과정이 하나님이 하신 일이라고 주장한다. 원숭이와 같은 존재로부터 진화된 인간의 죄도 그 전의 생명체들이 가지고 있던 죄들이 확대되어 활짝 만개한 것이라고 주장한다. 진화론자들이 유신진화론자들에게 물어볼 것이다. 너희가 믿고 있는 하나님을 사랑의 하나님이라고 부르면서 어떻게 그런 잔인한 진화의 과정을 허용했느냐고? 유신진화론은 인간의 범죄도 진화된 것이라고 주장한다. 생명체에서 나타나는 잔인한 죄들이 인간에서 만개된 것이라는 것이다. 그렇다면 유신진화론의 하나님은 인간이 진화되기 전부터 생명체들이 죄를 짓도록 만들었고, 인간의 죄도 결국 하나님께서 처음부터 계획한 것에 불과한 것이라고 해석할 수밖에 없다. 유신진화론자들이 예수님의 십자가의 대속을 믿는다면, 예수님의 십자가의 죽음은 우리들의 죄 때문이 아니라, 이 세상에서 죄가 만개하도록 어리석게 창조한 하나님 자신에 대한 형벌로 해석해야 할 것이다.

유신진화론은 과학적인 근거가 없는 진화론을 사실이라고 주장할 뿐 아니라, 지혜와 능력의 하나님을 어리석고 잔인한 하나님으로 만들어 버린다. 예수님의 십자가의 구속도 하나님의 절대적인 사랑과 은혜로 해석하기 어렵다. 하나님을 믿는다고 하면서 왜 이런 주장을 할까? 가장 근본적인 이유는 하나님의 초월적 창조를 믿지 못하기 때문이다. 하나님께서 흙으로 사람을 창조하셨다는 것은 믿을 수 없고, 원숭이와 같은 존재가 사람으로 진화되었다는 것이 훨씬 과학적이고 지성적이라고 믿는 것이다. 하나님의 초월적 창조는 인간의 지성으로 이해할 수 있는 수준의 것이 아니다. 그렇기 때문에 믿음이 있어야 하고, 하나님께서 우리에게 주신 기록된 성경말씀이 있는 것이다. 성경의 기록을 멋대로 해석할 수 있다고 주장하고, 초월적 창조 대신 다른 것으로 기원을 설명하고자 한다면, 선택은 진화밖에 없는 것이다.